公民連携エージェント

「まち」と「まちを使う人」を
元気にする仕事

入江智子 著
IRIE Tomoko

学芸出版社

はじめに

自治体に本当に求められているのは、公共サービスの質を高め、経費を削減し、加えて税収を増やすことではないでしょうか――。地域再生プロデューサーとして知られる清水義次さんのこの言葉を聞いた時、はじめは半信半疑でした。経費をかけずに公共サービスの質を高める？　でも今となっては、「公共サービス」の「質」が最も高まるのは「経費削減」と「税収増」とセットで考えられ、相互に作用した時なのではないかと思うのです。ここで言う「公共サービス」とは、行政が提供するものに限らず、公民連携でやるものや、パブリックマインドのある民間のサービス、ご近所同士の助け合いまで含めます。誰にでも開かれていて、市民全体の利益や幸福につながるものです。入り口から費用がかかるものではなく、所得が低い人でも楽しめるものです。質を高めるとは、ニーズに刺さる、とも言い換えられます。

変革のポイントは、行政が経費をかける「時期」と「内容」を変えるところにあります。「時期」は事業を始める前、「内容」は事業費そのものではなく人材育成やビジョンづくり、マスタープラン作成など、事業の準備にかかるものが重要です。本当はそのもっと前、常日頃から職員がまちに溶け出していると良いです。本書の舞台である大阪府大東市はこのやり方で民間と連携し、古い市営住宅エリアを賃貸住宅、オフィスの他、北欧の暮らしをテーマにした商業施設や芝生の都市公園などにつくりかえました（ｍｏｒｉｎｅｋｉプロジェクト）。子育て中の市民にとってはまさに刺さる場所となり、古くからそこに住んでいる市営住宅の住民や周辺住民の生活には、ちょっとだけ自慢できる風景と、焼き立てパンの香りが加わりました。市には今まで１円も生んでいなかった市有地から土地の賃料収入、固定資産税、法人税が入り、加えて前年度比１２５％とアップした周辺の地価の影響や不動産取引の活発化に伴う税収増が見込めます。

福祉の分野では、自治会や民生委員などにただただ頑張ってもらうのではなく、彼らの困りごとに訴求し、活動しやすくなるような提案をすることが大事です。住民に一番近いところにいる町内会役員のような人たちが笑顔になると、そこでも豊かな公共サービスが生まれます。立派な福祉施設などは要りません。家から歩いてすぐのところに、自分たちの健康や福祉を自分たちで守れる小さな居場所があれば良いのです。「寝たきりならんで儲かりまっせ」「長生きを長イキイキに」のようなメッセージを共有することで、個人の意識が変わり「アンタまだ元気やのに介護保険なんか使うたら私らの保険料まで高うなるやないの。それよりもな…」とご近所の人へのお節介がはじまると最強です。

ジェネラティビティとは、次世代のために役立ちたいという中高年期の人たちが抱く気持ちで、自身に子どもがいるかどうかとは関係がなく、これが満たされている人の精神的健康状態は良好だと言われています。それも中高年側の独りよがりではだめで、行動が感謝されたと感じられないと幸せ感も得られにくいのだそうです。次世代側からすると、自慢話よりも失敗談の方が響きます。事業者は試行錯誤の背中を見せ、企業人も偉い人になるのではなく、慕われる中高年になりましょう。地域金融機関、不動産オーナーの方などは、どうぞ若い人たちの地元でのチャレンジを応援してあげてください。

若者の大企業離れが続いています。スタートアップや地域での仕事が職業の選択肢として入ってきたことを感じます。良い流れです。世界を股にかけるビジネスに成長するかも知れませんし、少なくとも素敵なご近所は自分たちの手でつくれます。難しくはありません。一歩ずつプロセスを踏めば、やるべきことは目の前に現れてきます。そのまちの出身者でなくとも、良いと思います。私も、結婚を機に大東市に移住したのが約20年前で、出身は兵庫県宝塚市です。外部の目から見ると地元の人には見えにくいことが見えたりもします。次世代の人たちはどうか流されず、スモールスタートをして自分の好きなことを突き詰めてください。公務員の仕事も、どんどんクリエイティブになってきています。安定だけではない、本当に格好良い、子どもたちの憧れの職業になることを期待しています。私たちの実践である本書がそのヒントの一つとなれば幸いです。

目次

1

公務員が公民連携エージェントになった理由

morineki 全体写真

公営住宅革命をおこしたい！

大阪府大東市のＪＲ四条畷駅から徒歩５分、生駒山系の緑が目に飛び込んでくる東高野街道沿いに、「ｍｏｒｉｎｅｋｉ（以下「もりねき」）」のまちが広がっています。「もりねき」は、飯盛《いいもり》山や森を表す「もり」と、河内弁で「近く」を表す「根際《ねき》」を合わせ、飯盛山のそばで暮らしを営むことに愛着を持ってもらえるよう名づけました。

かつて市営住宅や公衆浴場があった約１ヘクタールの市有地は、都市公園と木造低層の民間賃貸住宅、商業施設が建ち並ぶまちに生まれ変わりました。74戸の民間賃貸住宅は「大東市営もりねき住宅」（以下「もりねき住宅」）として、当初は市の借り上げ公営住宅となり、商業施設棟にはアパレル企業の本社やレストラン、ライフスタイルショップなどが入っています。

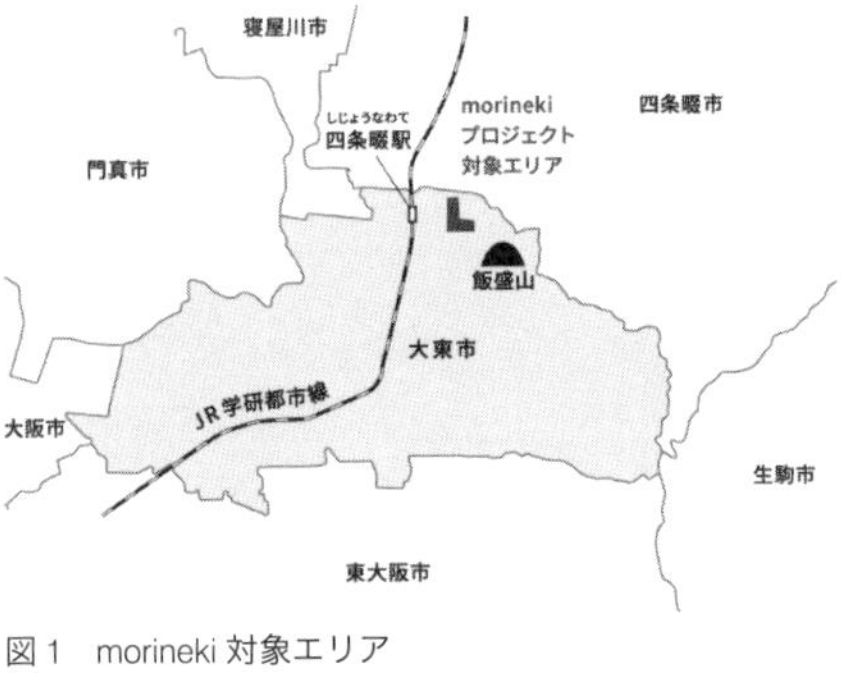

図１　morineki 対象エリア

２０２１年春にグランドオープンを迎えたこれらの開発と運営を行うため、私は市役所を退職し「公民連携エージェント」になりました。代表を務める株式会社コーミン（以下「コーミ

図2　morineki 完成イメージ図

ン）」が、市の出資する第三セクターとして、この事業を推進しました。市営住宅の建て替えを民間事業で行うことは市としての大きな決断でしたが、私自身、市の職員を辞めてまでもやりたい「動機」がありました。

建築技師として長年市営住宅の営繕業務に携わってきましたが、綺麗なマンションに建て替えをしても、施設や敷地内がすぐに荒れてしまうことを残念に思っていました。近隣住民にしても、市営住宅は昔からそこに建っているもので、建て替えられようが何しようが自分たちには関係がないものでした。戸数には限りがあるので、その時にとても困っている人が入れない現状も見てきました。都道府県営や市町村営の「公営住宅」は公営住宅法に基づいたセーフティネットです。入居申込みには所得制限があり、年に数回の抽選が行われ、家賃は世帯の所得に応じて決まります。セーフティネットならば数に限りのあるハコモノで本当に良いのか、大いに疑問でした。とはいえ、建っている市営住宅は確実に老朽化し、建て替えの時期を迎えます。ならば、入居者の生活がジャンプアップするような市営住宅をつくりたい、近隣住民に喜ばれる建て替えをしたい、将来の需要の変化にも対応できるものにしたい、という想いが募っていました。

税収が落ち込む中、高度経済成長期につくられた多くの公共施設や、道路、橋梁、上下水道などが更新時期を迎える市では、今までのように公共施設を建て、維持管理することが難しくなってきています。だからと言って、設計費や施工費が安い値段で落札されればそれで良い、というものでもありません。安かろうを悪かろうにしないために市の技術職員は書類のチェックや現場検査に膨大な時間を費やしてきました。ＰＦＩ発注は要求水準書をめぐる壮大な戦いでもあります。どの発注方式にしても、最も力を入れるのは会計検査の対象でもある新築時であって、その後の維持期においては修繕予算なども行き当たりばったりです。管理運営においても、市民からのクレームに対応するたび、公園や公民館は禁止項目だらけになっていきました。突かれないように負けないように、守備ばかりを固めてきて、果たして市民にプラスになっているのか、公共工事請負業者の決定方法や公共施設の維持管理方法にも疑問を感じていました。

信頼のおける業者に依頼し、身の丈にあった建物を建て、手入れをしてその価値を保つ。地域のことをよく知っていて、考えてもいる。店子の生活や商売が上向くよう応援する。たまに投資した物件が上手くいかないこともあるけれど、新しいことにも挑戦する。そんな「まちの大家さん」になることは、公平・公正が重んじられ、失敗が許されない、縦割り組織の行政では絶望的でした。

悶々としていた私の背中を押したのは、当時財政難で凍結されていた市営飯盛園第2住宅の建て替えを推進する地元キーマンの一言でした。彼は、入居者が一刻も早く安全な住宅に移ることを望んでいましたが、同時に「もう地域の象徴のような大きな箱のような市営住宅は要らない。外からこの地域に住みたいという人をつくりたいんや」と言ったのです。まさにそうだと思いました。「公共事業」として国の交付金を活用して市営住宅を建設すると、100%の確率で鉄筋コンクリート造の四角い建物になります。複数の棟を集約することで、大抵は元の建物より高層でエレベーター付きのものになります。交付金が入るとしても建設するには数十億円という市の資金が必要で、それが建て替え凍結の原因にもなっていました。しかも仮にその建物が建ったとしても、外から移り住みたいまちになるとは、とても思えませんでした。

この言葉が決定打となり、市営飯盛園第2住宅を「民間事業」として、市が出資した地域のまちづくり会社が銀行の融資をうけて建設し所有する、商業施設も併設するという「公営住宅革命」への挑戦が始まりました。なぜ「革命」なのか。それは、公営住宅が全国に217万戸もあり、公共施設の老朽化、国の交付金活用によるまちづくりの功罪、これからの福祉行政のあり方など、どの自治体も今向き合わなければならない課題の縮図とも言える施設だからです。公営住宅が変わることは、きっとそのまちの「お役所仕事」の多くが変わるきっかけになると思います。「入江さんが市役所を辞めなければこのまちづくりはできなかったのですか?」と、視察に来られる自治体からよく聞かれます。「市役所の誰か一人が辞めたからと言ってできるようなものではないですよ」とお話しますが、響いていない? と思う時は、どうやら「これは特殊解であり、一般解じゃないから真似できない」ことを確認しているようでした。でも、それによって何も変わらず、悔しい思いをするかもしれないのはその自治体の住民です。この本は、「公民連携エージェント」という仕事の紹介を通じて、全国の自治体が、自らのまちを自治経営する真の地方分権改革が進むことを願い、また全ての人に、あえて特殊解を選ぶことで開ける世界、歩める人生があることを伝えるために書きました。

エージェントとは

「エージェント」と聞いて私が最初に思い浮かべたのは、メジャーリーグの入団会見で野球選手の横でちょっと得意気に喋る「代理人」でした。身近なところでは転職エージェントと言われる転職サイトや婚活アプリでしょうか。近頃は企業側からのスカウト型採用も増えており、キャリアアップや副業を意識して登録する人も増えています。婚活アプリで結婚した知人によると、どうしてここまで好みが分かっているのだろうかと驚くほど、マッチング機能も進化しているようです。彼ら敏腕交渉人から高性能ＡＩにいたるまで共通することは、目利き力を持ち、依頼主の強み・弱みを熟知した上でターゲットを絞り、望みを叶えるという点です。

日本では主に人材紹介の分野で発展してきましたが、エージェントが依頼主に代わって行うことは本来多岐に渡ります。人口拡大時代は、いわゆる「代理店」が企業からの一方通行型・カタログ型のブランド発信の役割を担ってきました。ＴＶ広告されているもの、皆が持っているものがイコール欲しいものであった時代はそれで良かったのですが、今は違います。どこで誰から買うか、買ってどうだったのかをＳＮＳで発信する個人は、単なる消費者ではなく購買という行為の当事者でありメディアでもあります。体験を人と分かちあいたくなるものや、信頼する人がオススメするものが売れる時代です。誰もが何らかのオタクであることを公言していて、そこには昔のような見栄や偏見はありません。オンラインサロンや生配信には、社会派の話から「推し」のことを語るものまで様々なコミュニティが生まれています。価値観や目的が共有された秩序ある空間は心地よく、情報だけでなく自分もその秩序を保っている構成員であるという自己肯定感も得られます。ビフォーコロナの時代に比べ都心に通勤するという価値は薄れ、郊外の家に居ながらにして、または家の近所で、これら「シェア」の活動や、地元資本の良き商いを育む「バイ・ローカル」な暮らしを楽しみたいという需要が増えています。ただし、ご近所が素敵であり続けるためには、その地域の人と経済が回っていなければなりません。エージェントはこうした社会構造の変化の兆しに敏感で、優れたマーケット感覚を身に付けている「マーケター」である必要があります。それだけではなく、世の中がこれから向かうべき方向を読み、時には導くということが企業活動を行う上でも必須の時代、クライアントに対して時には厳しいことも言い気づきを促す「コーチ」でも、自らも事業を生み出す力を持った「イノベーター」でもなければなりません。創業者は言わずもがなですが、長く続いている民間企業は大抵、このエージェント気質を持った人を内包し、重用してきました。その人を通じて時代の空気を読み、各業界との接点を持ち、信頼を得てきたのです。企業間連携や新規事業開拓、経営立て直しなどの際には、それぞれの分野に長けたエージェントとの協業や、役員としての招聘を行うということもあります。

比べて、自治体はどうでしょうか。地方自治体が重用してきたのは、国の交付金を取ることに長け、近隣自治体に遅れを取らないような政策を打てる人です。都道府県や国とのパイプを持つことはよしとされますが、異業種との交流は良い顔をされません。上位下達の限られた世界のため、エージェント気質は不要でした。ロバート・キング・マートンの『官僚制の逆機能』にあるように、官僚制度は、大規模な人事異動があっても業務に支障が出ないような「継続性」や、対応する人によってバラつきが出ないような「安定性」には優れていますが、①訓練された無能力、②最低許容行動、③目的の置換（ルール自体が目的に）、④顧客の不満足、⑤自己成長の否定、⑥イノベーションの阻害（変化が起こりにくい）という逆機能を持ちます。一方で、地方自治体の財政の悪化と、その持っているものの多さ、できることの大きさは言うまでもありません。道路を含めればまち一番の不動産王であり、先人達が築いてきた財産をどのような形で未来に引き継ぐのかが今まさに問われています。また、すぐにでもまちぐるみで健康づくりや教育改革などに取り組めば、10年後、20年後の効果は目を見張るものとなるでしょう。ただし、先程述べた通りの極めて変わりにくい大組織です。持続可能なまちであるためには、官僚制度に囚われない、小さくて機動力のあるエージェント組織が自治体にこそ必要なのです。

全国の自治体では今「公民連携推進室」のような部署ができつつあります。部署では、行政の課題解決と民間の営利事業を上手く掛け合わせて事業をやったら良いのではないか、というところまでは思い付くのですが、マーケティングもせずに思い込みで「やりたいこと」をやってしまう場合が多いのです。インキュベーション（起業者支援）機能を持つコワーキングスペースをつくれば、そこに来る人たちの間で化学反応がおこりジャンジャン起業する…わけがありません。そもそもコワーキングスペースの経営が成り立たないような立地なのに事業者を募集してしまったりします。しかし、公務員の側も可哀想で、これまで全く民間との付き合いをしてこなかったのに、ある日突然連携しろと言われても困惑します。入庁以来、居酒屋に入って中に市内事業者の誰かを見つけたら、そっとドアを閉めて帰るようにと教育されてきたのですから。それぞれの業界に流れている時間のスピードや文化が違い過ぎ、既存の入札やプロポーザル以外のコミット方法が分からないのです。雑談するにも通訳者が必要なレベルなのですが、そもそも民間と行政両方の言語を話せるバイリンガルが居ません。コンサルも行政の議会調整など本当に難しい部分は分かりません。民間導入可能性調査などを受託しても、そのまちで面白いことをやろうとしている若者たちとつながっていないので、大手企業へのヒアリングで民間の出店意欲を図ることになります。

自治体職員は、自らは「稼ぐ才能がない」ことを自覚して、やりたいことをやってしまわないようにまず気をつけなければなりません。そして外注主義をやめ、自らの足でまちへ出て民間の言語を習得し、「やりたいこと」のある良い民間と出会い、公にしかできない「やるべきこと」を見つけるのです。公民連携推進室のメンバーは、パブリックマインドのある民間側のエージェントとなり、庁内にギリギリアウトの宿題を持ち帰って来るようになってはじめて半人前、それをギリギリセーフに出来て一人前です。実は行政法の多くには裁量があります。裏返して斜めにして光に透かしたら何とか読めないか、とは当時の上司に言われたことです。ただの慣習を、変えられないものと思い込んでいるだけの時もあります。エージェント契約は請負契約ではありません、あくまでも自分一人でやるか、相棒と一緒にやるかの違いです。相棒になれるよう、お店に足を運び、活動を手伝うなど、まちにダイブしましょう。エージェントとは、相手のことを本質的に代弁し、自身の能力と掛け合わせて、共に一段高い所に登る職能と言えます。

公民連携条例のあるまち

「公民連携」については様々な解釈がありますが、まずはストレートに大東市の公民連携に関する条例（2018年4月1日施行）を紹介したいと思います。条例の目的は、「本市に関わるすべてのものが、その垣根を越えて連携することについての基本的事項を定めることにより、自立的かつ持続可能な地域経営、公共サービスの質的充足および地域の価値の向上を図り、もって、皆に誇れるまちを実現すること」とされています。条例が定義する「公民連携」とは、「市民全体の利益を最大化させるため、民間および市長等が連携することにより、公共サービスの質的充足を図ること」をいい、「公民連携事業」とは、市長等が定める大東市公民連携事業指針等に基づき、民間および市長等の知恵および技術を結集し実施する事業のうち、次に掲げる事項のすべてを満たす事業をいいます。

ア　複数の地域経営の課題を解決する事業であること
イ　地域の価値を向上させる事業であること
ウ　地域経済の発展および循環に寄与する事業であること
エ　公的負担の軽減を図ることを目的とする事業であること
オ　金融機関等から資金調達を行う等自立的かつ持続可能な事業であること

アかつイかつ…なので、なかなか厳しいものです。基本理念として、「市長等は、まちづくりに関する事業について、公民連携の可能性を検討し、できる限り公民連携事業として実施しなければならない」と優先規定がうたわれています。住民全体の利益・幸福につながることで、公と民が一緒にやった方が良いことはやりましょう、そのために民間が投資するところに行政も投資しましょう。「行政か民間か」ではなく「行政も民間も」、ただしその時に、行政は経営的視点を、民間は公共的視点を持って、ということです。理念条例で終わらずに、実際に公共事業や民間提案事業を公民連携で行う際の手続き方法、事業の評価方法なども書かれています。

これは、特定の民間と組むと何かと言われがちな行政、政権によって方針が一変するなどの政治リスクを抱えている民間、双方にとって連携する際にありがたい根拠法になります。何より条例というものは、市の意思であり姿勢です。公民連携に対する本気度が伝わりますね。広義の公民連携は、業務委託や指定管理、ＰＦＩなども含むとされますが、本書での公民連携はこの条例の定義に沿うこととします。

市民、民間と一緒に公共サービスをつくる

今この本を読んでいる人が自治体の職員であれば、条例をつくるところから始めなければならないのかとハードルの高さにクラクラきたかも知れませんが、その心配は全くありません。公も民もまずは身近なところからはじめて、必

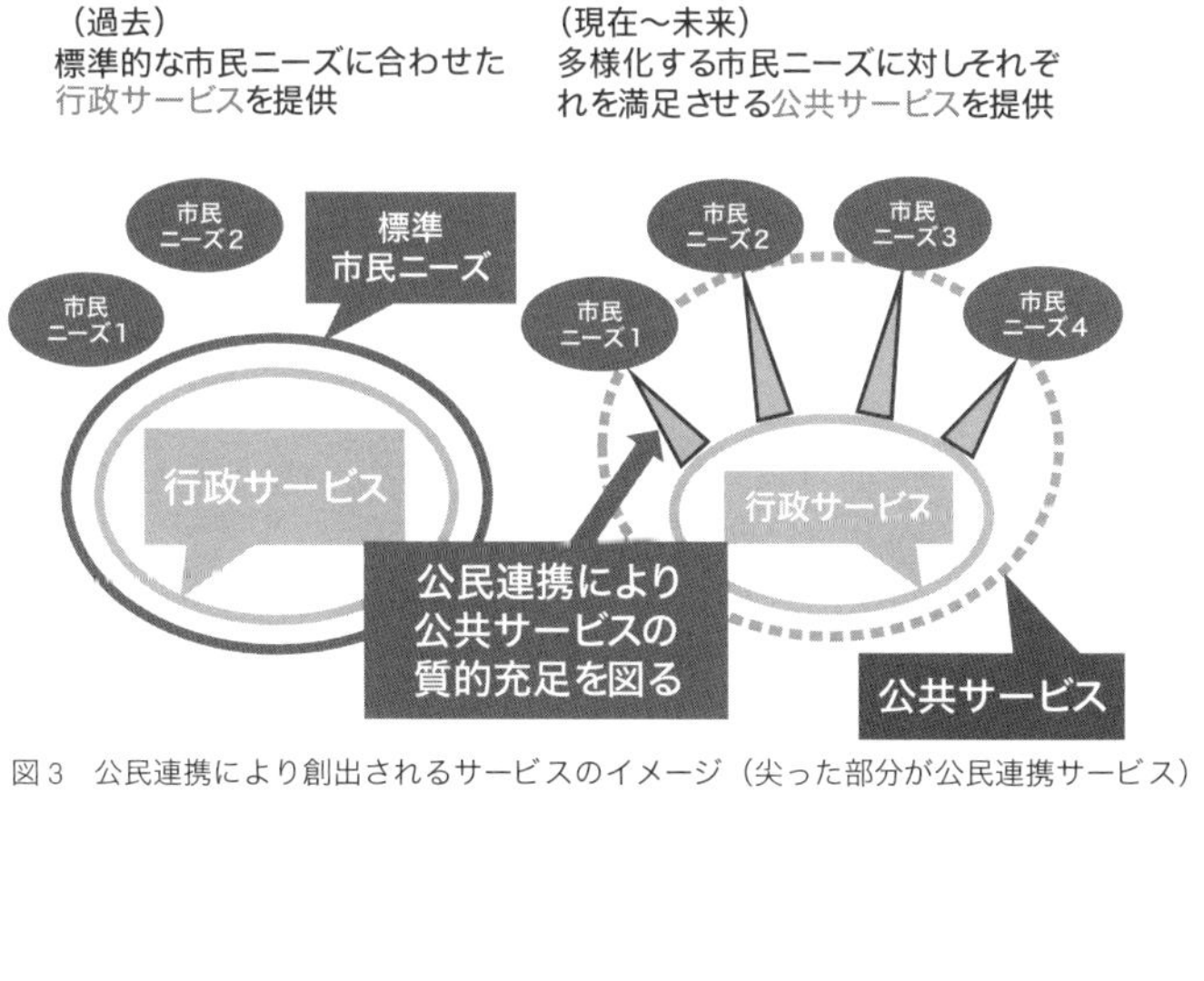

図３　公民連携により創出されるサービスのイメージ（尖った部分が公民連携サービス）

要であれば後から法整備を行えば良いのです。それよりも、トップや庁内、市民に公民連携の意義を感じてもらうことの方が圧倒的に大事です。首長にとって嬉しいことは、限りある財源の中で「あれかこれか」ではなく、「あれもこれも」政策が実現できる、それも同時多発的に、ということです。そこは是非上手くプレゼンしてほしいですが、周りの人を巻き込むためにもあなたの公民連携のイメージを膨らませて、まずはピンときたものを実践してみてください。

公民連携で「公共サービスの質的充足を図る」とは、図3の尖った部分をつくるイメージです。自治体はこれまで、各種団体要望などから集約した標準的な市民ニーズに合わせ、そこからさらに公正・公平のふるいにかけた「行政サービス」を提供してきました。平均的ではありますが、図のように個々のニーズに刺さるところまでいってはおらず、国の補助制度が無くなった途端やめになるものも多くありました。市民ニーズが多様化する（今までも多様ではあったのですが）現代～未来は、人口規模に見合った基礎的なインフラやセーフティネットの部分は行政が整備し、個々のニーズに対しては、日頃からターゲットを絞りサービスを提供している民間企業や、そもそも市域に広く介在している市民自体と連携することでそれぞれに刺さる「公共サービス」をつくるのが良いのです。その時にいくつかポイントがあります。

①人口減少時代に対応しているか

民間企業との連携は、プール授業の民営化で見てみると分かりやすいです。小学校の屋外型プールの建設費用は1校あたり約1億5千万円、水道代など年数百万円の維持費もかかります。プールの授業が行われるのは夏の2ヶ月ほどであり、その間も雨天時は使用できず、災害時に避難所として活用できる体育館などと違い多用途でもありません。プールが老朽化した時点で建て替えをせず、地域にあるスイミングスクールへの送迎を選択した場合はどうでしょう。委託費は内容や周辺マーケットにより変動しますが、命の危険を伴う水中での水泳指導はプロの手に委ねられ、教師は見守りや他の授業の準備に時間を使えます。水泳が通年授業となることで子ども達の泳力も向上し、寒い冬もマラソンや縄跳びばかりさせられずに済みます。プール整備という「行政サービス」を縮小した分、公民が連携することにより、質の高いプール授業という「公共サービス」を提供するというこの試みは、千葉県佐倉市で実際に行われています。

とはいえ、これまでの児童数では移送に労力がかかり過ぎ、無理であったに違いありません。少子化でＩＴの技術が進んでいる今だからこそ導入できる教育手法は他にもあるはずです。授業がオンラインでも配信され発表も画面共有でとなれば、登校のハードルが高い子も授業に参加でき、録画されていることがいじめの減少や授業の質向上につながるのではないでしょうか。

図４　大東ズンチャッチャ夜市の様子

人口拡大時代のやり方から変わっていないものが学校現場に限らず周囲に溢れていることに気付いてほしいものです。

②継続性のあるものになっているか

市民との連携が最も適しているのは福祉の分野です。近所の高齢者同士が週に１回公民館などに主体的に集まり、適切な負荷がかかる体操を行うことは、介護予防や見守り合いにつながります。こういう時に自治体は、活動自体ではなくその「継続」を支援することが重要です。そのためには、まず始め方が肝心で、「一緒にやりましょう！」などと声かけをしてはいけません。何かあれば、役所に言われてやったのにと恨み言を言われ活動休止となるのがオチです。その代わり、体操をすればどうなるのか、しなかったらどうなるのかという情報などはきちんと伝え、「やりたい」の声が上がるのを待ちます。始まっても市の職員は会場には行きません。参加者たちが「これは自分たちの体操だ」と思えるように、定期的な体力測定会や交流会で効果を一緒に喜び、グループ運営の困りごとがあれば聞くだけで、サポートに徹します。人口12万人の大東市では、17年前から「大東元気でまっせ体操」を始め、今では市域に132ヶ所あるこの取り組みを市の総合事業に組み込むことで、年間4億円以上の介護予防給付費が削減されています。

JR住道《すみのどう》駅前デッキで毎月最終水曜日に開催しているナイトマルシェ「大東ズンチャッチャ夜市《よいち》」（以下「ズンチャッチャ夜市」）も、6年目になり、まちの風景が少しずつ変わってきました。毎月決まった日に行うことで開催告知の手間が省け、3000人級のイベントですが、設営・運営・撤収は徹底して効率化されています。同じく住道駅のストリートピアノ、府営深北緑地《ふかきた》公園でのパークランも週1回の開催です。イベントを毎週や毎月継続して行うと決めるのは運営側に相当の覚悟が要りますが、何となくでは始められない分、何のためにやるのか、どうやって継続させるのかを深く考え、メンバー全員が腹落ちしてからスタートすることになります。そして定期開催の最大のメリットは、あっという間に次の回がやってきてしまうので、メジャーチェンジは難しいけれど、逆にマイナーチェンジを重ねられることにあります。小さな努力や改善の積み重ねこそが何でも強くするのです。年1回のイベントは、メジャーチェンジや追加盛り込みができるが故にやってしまう、もしくは前年度の完全コピーのどちらかになりがちです。これらの場合、何が良くて何が悪かったのかの検証が難しいだけでなく、数年繰り返すと、メンバー間で意識のズレが起こったり、当初の目的があやふやになったりすることがあるので注意が必要です。伝統ある地域のお祭りでも同じで、いつの間にか運営がとても厳しくなっていた、参加者の満足度が下がっていた、という場合があります。

③自治体の枠を超えて考えているか

自治体が自らをブランディングし発信することが多くなっていますが、内容は等しく給付事業や名所、特産品のアピールです。給付事業などは予算さえあれば他自治体でもすぐに真似ができてしまうので、簡単に真似できない事業を持っている自治体は強いです。宮崎県新富町の地域商社「こゆ財団」のＨＰを一度見てください。クリエイティブディレクターである齋藤潤一さんをはじめ町職員も含む個性豊かなメンバーが、起業家育成を精力的に行っている様子が次々とアップされています。一粒１０００円のライチがアイキャッチとなり、「スマート農業」への取組み自体が若者を惹きつけているのです。そして、こゆ財団が町名ではなく児湯《こゆ》郡という郡の名を冠していることも注目に値します。町を含む経済都市圏が豊かになることを目指し、その中心に新富町があるという発信の仕方なのです。

ズンチャッチャ夜市は、既にまちに一定数存在し、将来もっと来てほしいターゲット層である「すっぴん女子」を対象にしています。「すっぴん女子」とは化粧をしていない女性ではなく、心がすっぴんな人（男性も含む）の象徴です。ブランド物に興味はなくとも良いものは求める、平日の夜でも地元の美味い料理と良き人との交流があれば、飛び込んで乾杯するような人たちです。そんな人たちに向け、駅前の公共空間で毎月開催してきたナイトマルシェは、結果的に市内外から多くの老若男女が訪れるイベントとなり、大東市を知ってもらうという一つの目的を果たしています。公民連携で行っている事業はそのまちの良いプロモーションとなり得ます。それは○○市が主語ではなく、事業の対象も経済都市圏や価値観を共有する人の括りで捉えているので、○○市に住んでいない人でも、素直に受け取ることができるからではないでしょうか。

マーケットと向き合い、エリアの価値を上げる

公民連携エージェントの仕事とは何か。条例にも定義されていないこの仕事を本書で少しずつ紹介していきたいと思っています。必要にかられて担い、今でも最も重要だと考えている任務は、自治体に近い位置に立ちながら、公民双方共に無理のない投資のストーリーをつくるこ

とです。人口減少の時代においては、不要な物を削ぎ落とすと同時に、投資によって主体的に現状を変えていくことではじめて、都市も企業も持続可能なものとなります。行政は持ち得る財産をフル活用して、高齢化社会を乗り切りつつ子育て世帯の定着を図り、将来の人口構成を適正化しなければ生き残れません。民間も、今までのように国民の頭数を当てにできず、これからの時代に本質的に必要とされる事業で利益を上げていかなければなりません。ＪＲ西日本のコロナ後の在来線の乗降客は良く戻って以前の９割、新幹線はそれ以下、元々人口推移に合わせて減る推計ではあったものの、２０２０年の翌年がいきなり２０３０年というような減り方だそうです。

コロナ禍にあった２０２０年の夏、大阪府が知事公館のピアノを貸与してくれる動きがあったので、ＪＲ住道駅の構内に、誰でも自由に弾けるストリートピア

図５　住道ガッタンコ音市の様子

ノとして週に1回設置したいと申し出てみました。大阪支社の管轄下では初めてのことで、定時運行や乗降客の導線に支障が出ないようピアノの保管場所や設置場所が社内で慎重に検討された結果、市が間に入り民公民が協定を結ぶ形で、9月に始まりました。無人ピアノがほとんどの中、コロナ対策と合わせて他との差別化を図るためにも、公開中はスタッフが常駐することで、連弾や合唱、他の楽器との合奏も可となっています。仕事帰りに軽く一曲ひっかける女性、友人に促されて弾き出す男子高校生、驚くほど上手な小さな子や初めてピアノを触る子、駅ピアノの番組が好きで聴きに来る高齢者や白杖をついた方など、弾き手も聴き手も絶えることがないので、次の一手を考えました。毎月第二土曜日「住道ガッタンコ音市《おといち》」の誕生です。テーブルを出し、キッチンカーやピアノにまつわる雑貨やお菓子のお店も呼び、ピアノを弾く、聴くだけではない体験もできるようにしました。沿線のストリートピアノファンが集う場所にしたいと思っています。もちろんストリートピアノ存続のためのマネタイズを考えてのことでもありますが、JR西日本大阪支社としても沿線のまちづくりにコミットする機会と捉え、会場の使用料として売上の一部をお支払いすることで駅敷地内でのマルシェ開催を快諾してくれたことが嬉しかったです。

民間が求めるものは潜在的な集客と「そこにしかない魅力」

民間企業にとって、行政と何かを一緒にできるというのは特別なことです。そこには、庁舎、体育館、図書館、子育て支援センターなど、消費を目的としない人たちが自然に集まるハコがあります。多くの市民が目にする公式サイトや広報誌、学校や自治会の配布物や掲示板など市民に直接リーチすることができるネットワークメディアがあります。コロナ禍にあってその価値を見直された道路や公園などの都市施設、行政財産（行政上の目的で使用されている財産）としての役割を終え、普通財産（行政上の目的では現在使用されていない財産）となっている建物や土地も少なからずあります。今までも行政に近いところにいた社会福祉協議会や、商工会議所などにとっては特段目新しいものではありませんが、純粋な民間企業にとって、それらを活用出来ることは、今はまだ「レア」で魅力的なことです。マーケット（市場）は、レア＝希少性に値がつく場所でもあります。

愛知県岡崎市では「乙川リバーフロント地区公民連携まちづくり基本計画（ＱＵＲＵＷＡ戦略）」によって、様々な公民連携事業が生まれています。目を引くのは、駅近の河川敷にあるキャンプサイトです。眼下にカラフルなテントの前でくつろぐ人たち、沿道を通るビジネスマンたちも、密かに二度見してしまうような風景です。ここならばコンビニも近いし、キャンプ初心者でもやれるのではないか。驚きの先に、自分もそれに参加したいという共感が生まれ、財布の紐が緩む瞬間がやってきます。行政とのコラボは、お堅いイメージがあるだけに、ギャップや意外性が生まれやすいのです。

他には、絶景や名所などいくらお金をかけてもつくれない場所、そこでしか食べられないもの、体験できないアクティビティなどです。いわゆる観光名所でなくとも、地元の人に愛されている場所は必ずあり、そこに身体を置くからこそ得られる「身体性」と強く連動しているので、集客装置になり得ます。映画やドラマのロケ現場やアニメの背景となった場所が聖地巡礼として突然人気を集めることもあります。朝日や夕日など自然が織りなす一瞬の美しさを誰かと分かち合いたいと思うのも万人に共通の感覚で、そこにも商機があります。絶景ポイントだからと言って行政がカップル向けにハートの南京錠をつける柵などを用意してはいけません。行政はそんなことより、公有財産をいかにしてセンスの良い民間に使ってもらうか知恵を絞るべきです。

マーケットの話をもう少し続けます。マーケットとは「付加価値の高いもの、サービスニーズの多いものに対して高い対価が支払われる構造のこと」とある方に教わり、その時とても美しいと感じたことを覚えています。そう感じたのは、私が実感しているマーケットはそれに比べてずいぶん乱れているものだったからでしょう。まず、サービスニーズの多いものに対しては、皆がこぞって参入するため価格競争がおこり逆に低い対価が支払われています。日本はとにかく需要に対して供給が過大です。行政の周りでは、そもそもマーケットが破壊されていると言っても過言ではありません。特に付加価値の高いものに対して高い対価を払うということをおろそかにしてきたと思います。なので、私たちの事業では、本来の意味のマーケットをまもる・つくるということを大切にしてきました。

ズンチャッチャ夜市では、飲食出店は実店舗を持っている、または本気で起業を考えている人しかエントリーできませんし、お店一推しの商品をお店と同じ値段かそれ以上で出してくださいとお願いしています。イベント終了時間間際になっても値下げをしないでくださいとも。ここで新規顧客を獲得してほしいという思いがあるので、実店舗に足を運んだ時に高くてガッカリしてしまい、「これならズンチャャで食べれば良いじゃないか」となってしまわないようにです。これまでの市内のイベントでは、お店は300円や400円など売れる価格で利益の出るメニューを考えて出店してきました。焼き鳥屋なのにおでんを出したり、各種団体が冷凍の唐揚げやポテトを売ったりして活動費に充てていました。クラフトビール600円、炭火焼きBBQ1000円など、住道では絶対に売れないと言われましたが、そこは逆に売れるとマーケットをよみました。いつもは通り過ぎるだけの駅前デッキ×川に夕陽が沈むマジックアワー×

屋台では味わったことのない美味しさが「驚き」につながり、友人や家族と過ごす時間の楽しさを何倍増しにもさせるのです。来場者のことも当然考えますが、事業においては何よりも出店者ファーストなのです。水曜日という平日の夜開催なのも、週末という本業のかき入れ時の邪魔をしないためですし、気持ちよく売り上げてもらい、口コミで他の出店者を呼んでくれるのが一番だからです。

エリアの価値を上げるのは民間主導の公民連携事業とそれに共鳴する民間事業

「敷地に価値なし、エリアに価値あり」とはリノベーションまちづくりの師匠、清水義次さんの言葉です。この言葉にはまず文字通り、敷地の価値はエリアの価値が決めるという意味があります。エリアにこうあってほしいという構想と、地価の上昇などの数値目標があり、開発敷地の影響でそれらが叶うべきである。逆にそうではない敷地開発には意味がない。しかし、それだけにとどまらない深い言葉で、ハード整備を行う時だけでなく、ソフト事業しかり、仕事の考え方、進め方全てにおいて言えるのではないかと思います。児童・生徒への新しい教育を考案する時も、教育界全体に良い影響を与えるよう考えるべきですし、高齢者の健康まちづくりで、虚弱な高齢者が増えてくる本流はどこにあるのか、川上では何が起こっているのかを見極め、事業を打つような時にも言えます。その一石が他にどれだけの影響を与えるかの予測と信念を持って、対症療法ではなく未来を見据えた、時間軸的にも敷地主義ではない仕事の仕方をしなければなりません。そしてその一事業の成果は、取り巻く業界や周辺がどう変わったかで評価されるのです。一歩先の未来をよんでチャレンジする能力は、現段階においては行政よりも民間の方が高いと言わざるを得ません。また、民間同士がアライアンスを組むスピードの早さと自由度には、行政は絶対にかないません。面白い民間同士がコラボして生み出す事業はとても魅力的です。それらを生かした公民連携を行うためには、主導権を民間に委ねないと難しい。用途などを絞った上でのプロポーザルでは単体の民間事業者としか手を結べないからです。民間提案制度のある自治体では施設丸ごとの使い方から提案を求める方が望ましいです。必ずしも全館を使う必要はなく、花巻のマルカンビルでは最上階の食堂と1階から、福山駅前そごう跡地の商業施設では1階フロアだけの提案から、民間による再生が進んでいます。行政は当然、その施設を含むエリアのビジョンを示すことが必要ですが、あくまで民間が主導する公民連携事業がエリアの価値を上げるのです。ビジョンが絵に描いた餅にならないためには、仕掛けた公民連携案件に他の民間企業の投資が追随してくることが重要です。特に、地価上昇というような現象は、エリアに対する期待値が上がり、土地や建物の取引や新店舗オープンがチラホラと見えてこなくては起こりません。

全国の自治体等で株式会社リノベリングが展開する「リノベーションスクール」(以下「リノスク」)を活用したまちづくりが進んでいます。リノスクでは、まちなかにある遊休不動産の活用案を、「ユニット」と呼ばれる少人数のチームが、「ユニットマスター」である建築家などと共に2泊3日で練り上げ、最終日に不動産オーナーにプレゼンします。ユニットメンバーやマスターによってブラッシュアップされた案が実事業化し、地域に愛されるお店などになっているリノスク案件がたくさんあります。一方で、他の地域のリノスクで事業化されているものでも、結局「誰がやるか」なので、真似をしても全く違うものになる場合があります。サラリーマンユニットメンバーたちがお金を出し合い、にわか家守となっていきなり空き家を改修して事業をはじめたとしても、安定的な集客はまず難しいでしょう。そのコンテンツが地域で本当に求められているものなのか? それにハコは必ず要るのか? 冷静になって考えてみた方が良いです。まずは自宅の軒先ショップやマルシェへの出店からはじめてみて、ファンがつくかどうか、同業者から一目置かれるようになるかどうか、見極めることをおすすめします。志は大きく、はじめることは小さくからです。共鳴する民間が現れることは事業が大きくても小さくても大事なことです。

『がもよんモデルの秘密』の著書もある和田欣也さんは、大阪の蒲生4丁目エリアに古民家を改修したイタリアンレストランなどの飲食店を次々とオープンさせ、特徴のあるエリアをつくってきました。和田さんは地域に必要なコンテンツを常に探っていて、言わばまちの採用担当者です。来てほしいお店にはヘッドハンティングをかけますし、新たに出店したいと名乗りを上げてきた人は、和田さん経由で既にお店を構えている人達が週に1回集まる「店主会議」に呼びます。そこで揉まれると同時に、集客や店舗改修など不安なことも聞けるので、安心して開店できるというところが素晴らしいのです。本来全国各地にある「商店街」にもそういう機能があったのだと思いますが…。岡山問屋町の明石卓巳さんも、問屋街の建物を効果的にリノベーションしていくことで、面としてまちを変えています。とにかくビジュアルが圧倒的に良いので、どのお店の前でも若い人たちが写真を撮っています。こんな方たちがまちに居られたら事業者としては心強いですよね。お二人は主に民間施設をフィールドとしてサブリース事業をされていますが、「このまちが良くなるにはどうすれば良いか」と問い続けるパブリックマインドをお持ちで、そこが複数の民間企業がついてくる所以です。自分の店だけ良ければという考えではいつかジリ貧になってしまいます。まさに「敷地に価値なし、エリアに価値あり」を地でいくまちづくりを実践されています。

「公民連携でしかできないこと」で地域経済を回す

民間から見ると公民連携事業には他にはない魅力があるのは確かなのですが、公が石橋を叩いて渡る性格の組織であることも忘れてはいけません。今回のコロナ禍では、コーミンと大東市の間でもそれを痛感する出来事がありました。私たちが主なフィールドとしてきた駅前デッキは市道で、使用するには道路管理者の許可が要ります。２０２０年秋、政府の屋外イベントの規制が１０００人から５０００人に緩まり、公民連携推進室も「やりましょう」とのことだったので、ズンチャッチャ夜市の再開のため道路課に協議に行きました。のっけから「今までと同じはダメ」、「会場を囲み入口を設け、受付で検温・名簿作成を行うように」と言われたのが、思えば不穏でした。どこからでもフリーに立ち寄れるのがマルシェの魅力なのに、そこまでして開催するのか…と悩みながらも、収入が激減している出店者さんたちの期待もあり、採算が取れるギリギリのレイアウトを提出しました。その後もテーブルの間隔をもう少し開けてなど細かい指摘が入り、書類を出し直し続けること数週間、最終的に「会場の中は広くなって対策ができたけれど、会場に入らない人の通行帯が逆に密になったからアウト！」という、吉本新喜劇なら全員一斉にドテーッと転ぶような理由で却下されました。その時すでに開催予定日まで1週間を切っており、仕込みを終えた数十店舗に中止を伝えることを思うと顔面蒼白になりました。結局、あまりに必死の形相で諦めようとしない私を見かねた公園課の課長が奔走してくださり、駅の反対側にあるデッキよりも広い都市公園に急遽場所を移し、テイクアウト形式でその年最初で最後のズンチャャッチャ夜市を開催することができました。蓋を開けてみると、会場のそこかしこが再会を喜びあう同窓会のような盛り上がりでした。売れ行きも好調でしたが、それ以上に「楽しかった」というお店の方の笑顔や、「パサパサだった心が潤った」という来場者の声に、こんな時だからこそ必要なものでもあったと改めて感じました。こんな時だからこそ公有地に集まって騒いでほしくないという行政の立場も当然良く分かっています。今は感染症対策一辺倒となっている行政ですが、災害などまた別の理由でも身動きができない時もあると思います。そんな時に行政の近くで、少し別の視点を掲げることも私たちの役割の一つだと思っています。行政と組む時には、こういったさまざまなリスクがあることも事実です。それでも私たちは、公有財産を活用して事業を行うことに特化し、そこにこだわっています。公民連携でしかできないことで地域の経済を回し、そこで得た経験をもとにコンサルティングや研修を行うことで外貨を稼ぎ、納税することに誇りを持っています。中には、市内企業の商品を事務所に置くことを勧めたり、ズンチャャッチャ夜市の出店者を斡旋してほしいと言ってこられる方もいますが、販売代理はコーミンでなくてもできる仕事ですし、ズンチャャッチャ夜市出店者の元締めでもないので、会場で直接お店に声をかけてくださいと言っています。

金融機関が本当に融資したいもの、投資家が出資したいものは「誰もやっていないこと」です。事業リスクをヘッジする努力は必須ですが、公民連携に特化して尖っていくことは自社の投資価値を高め、私が「公民連携エージェント」としての研鑽を積むことにもなります。もっと他の人たちにも、公共空間をコーミンのように活用してほしいし、新しい使い方も見せたい、そのためにも勉強をし続けなければと思っています。特に公営住宅の公民連携においてはどこよりも情報を集めて研究したい。一番実践していて、発信しているところには、一番情報が集まってきます。

ハコモノからマルシェ・メディア事業、健康づくり事業へ

コーミンは市営住宅の建て替えを民間事業として行うためにつくられた会社でしたが、出資金の300万円以外にいわゆる「人件費」的なものは市から出されていません。中心市街地活性化法に基づく第三セクターなどは、市の職員や、観光協会、商工会議所の職員などが兼務をしていたり、公益的な施設の共益費や駐車場の売上げなどが人件費に充てられている場合が多いのですが、こちらは何の資産も持っていません。設立当初の代表取締役である東坂市長こそ

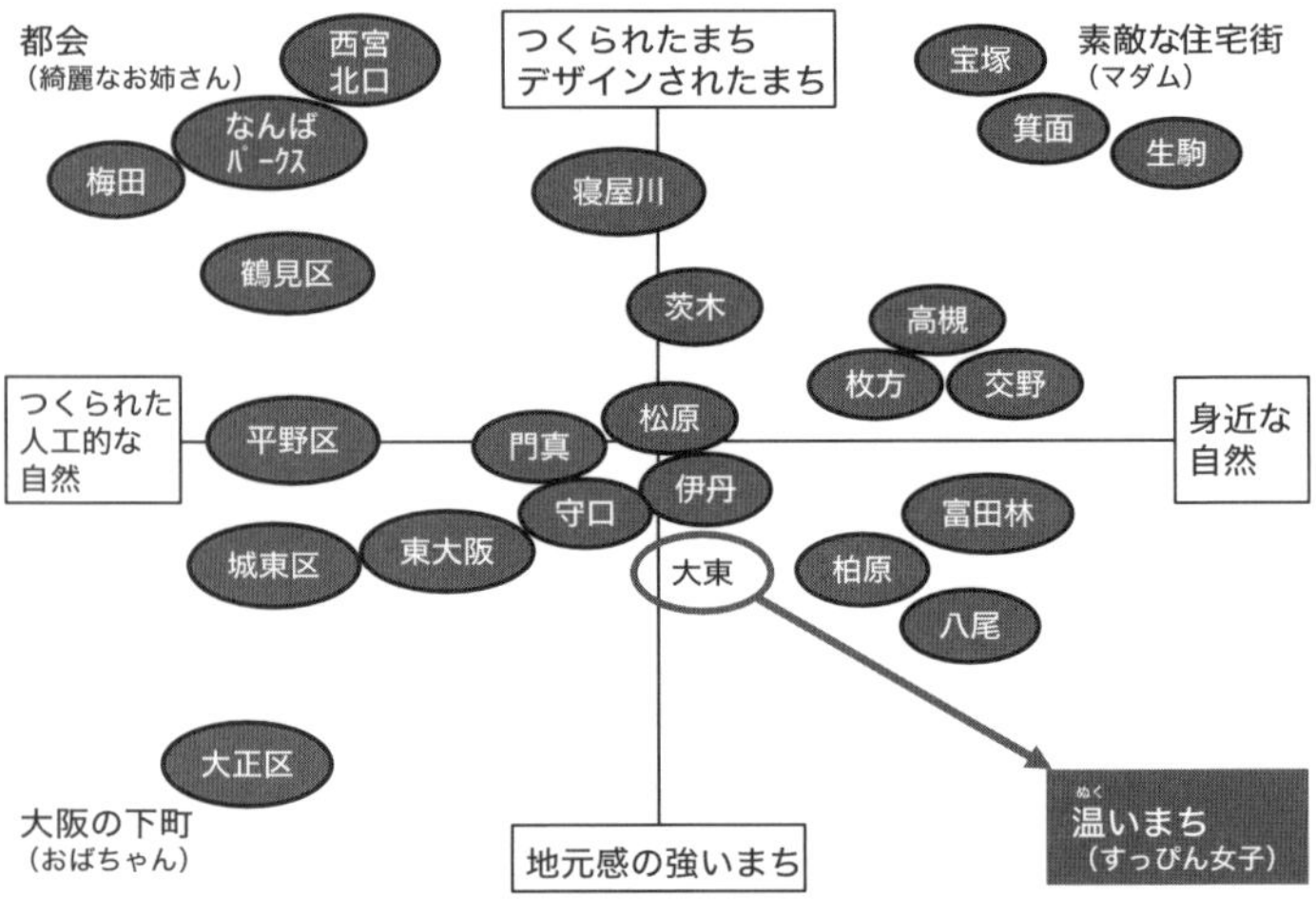

図６　大東市の立ち位置（イメージ）と向かう方向

無給でしたが、取締役一人の役員報酬と私の給料を稼ぐ必要がありました。コーミンのような会社をつくりたいという自治体は多い中、まず問題となってくるのはその人件費や事務所の家賃などの固定費です。コーミンは、市役所の最寄り駅であり市の中心地、乗降客数6万人の住道駅周辺のエリアプロデュース戦略を立て、それを推進するという業務委託を3年間の期間限定で市から受託し、主にこの中から人件費を捻出しました。事務所は不要、ノマドワーカーとしてノートPCさえあればどこでも仕事はできました。月一マルシェ、ズンチャッチャ夜市はこの戦略の中から生まれたものです。戦略の立案には、大阪では伝説のマルシェ「芦原橋アップマーケット」などでエリアの期待値を上げるまちづくりをされていた都市計画家、加藤寛之さんに関わっていただきました。まず、住道周辺のことをよく知る市民数名と一緒に、「大東（住道）と言えば」で思い浮かぶお店や場所などを500個ぐらいあげて、自分達のまちはどんなところか、周辺自治体のイメージとも比較しながら立ち位置を確認しました。そこから、身近な自然がある地元感の強いまちへと目指す方向を決め、そこで暮らす架空の人物像として「すっぴん女子」という名前が市民の一人から出たのです。加藤さんは、名前は何だって良いのだけれどそこに居るメンバー全員の腑に落ちることが重要だと言います。それはその人物像に当てはまりそうな人が身近に居て、こんな人が大東にもっと増えたら良いな、という思いが合致した証拠だからです。あとは色々な事業をこのターゲットであるすっぴん女子に寄せていきます。

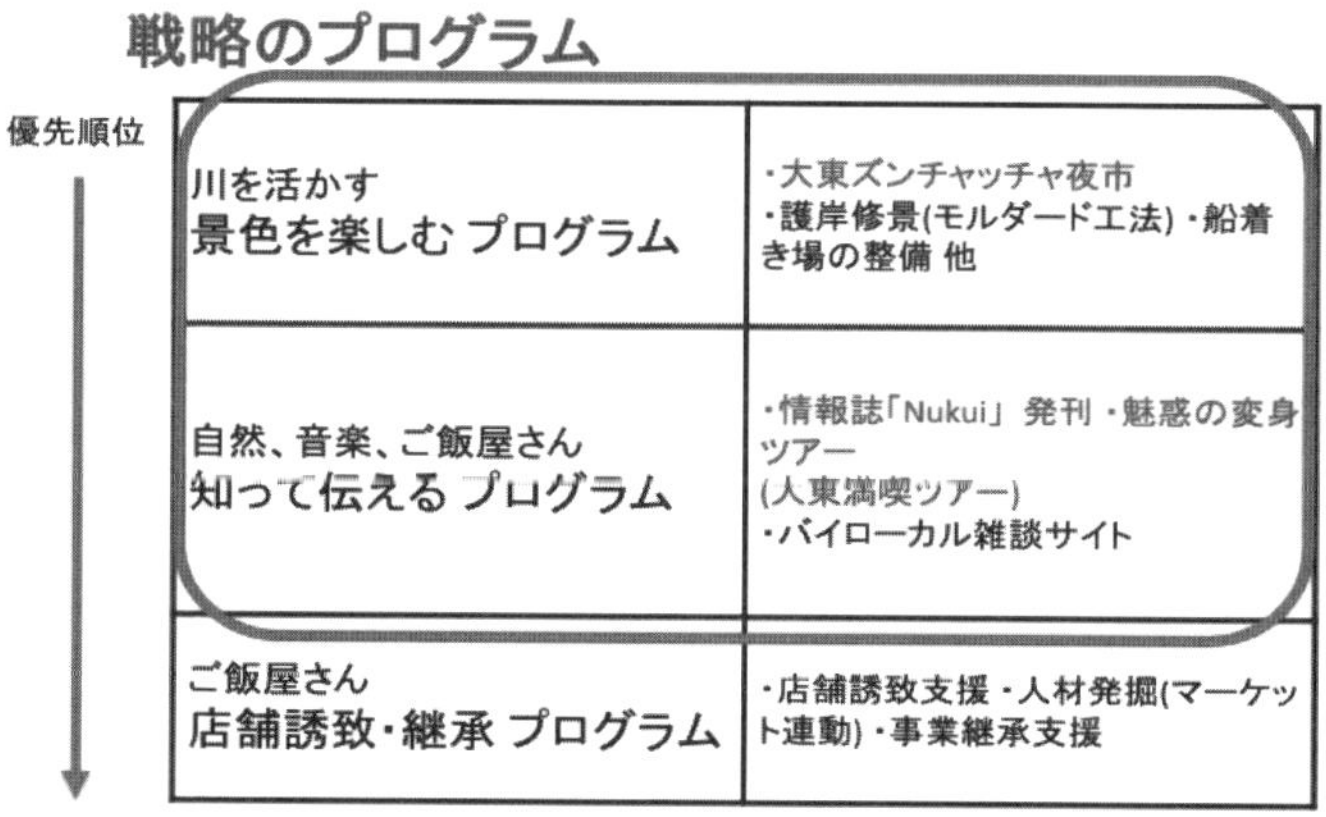

優先順位

川を活かす **景色を楽しむ** プログラム	・大東ズンチャッチャ夜市 ・護岸修景(モルダード工法) ・船着き場の整備 他
自然、音楽、ご飯屋さん **知って伝える** プログラム	・情報誌「Nukui」発刊 ・魅惑の変身ツアー (人東満喫ツアー) ・バイローカル雑談サイト
ご飯屋さん **店舗誘致・継承** プログラム	・店舗誘致支援 ・人材発掘(マーケット連動) ・事業継承支援

図7　住道エリアプロデュース戦略のプログラム

大東にある自然や普段使いのご飯屋さんを取り上げた情報誌『Ｎｕｋｕｉ』は、公が持つネットワークを使い幼稚園・保育園で配布してもらいました。『Ｎｕｋｕｉ』は掲載料無料のフリーペーパーですが、今はウェブサイト化もしていて、そちらで掲載店以外からの広告収入を得ています。掲載料をいただくと、私たちが本当に美味しいと思ったお店、すっぴん女子なお店だけを載せられない可能性が出てきます。ズンチャッチャ夜市の出店者の選考も『Ｎｕｋｕｉ』の掲載店の選考も全てこの「目利き力」によるもので、それがマルシェや情報誌の価値、ひいては自社の価値を支えているので、絶対に力を抜けません。住道の事業をはじめるにあたり、特に飲食に関する目利き力が高かった安見志保さんを社員として雇用しました。それ以来、候補のお店には必ず二人でまずは客として訪れます。商品に店主のこだわりが感じられるか、価格、接客、お店のしつらえはどうか、食べながら飲みながら見るところを見て、席を立つ頃には、会計後に名刺を渡して出店や取材の交渉をするかどうかが決まっています。

もう一つ創業間もない頃の貴重な収入源となったのは「地域健康プロフェッショナルスクール」です。こちらは完全に自主事業で、当時マスコミも殺到していた「大東元気でまっせ体操」を開発し、市の介護給付費の削減にもつなげた大東市職員の理学療法士、逢坂伸子さんをスクールマスターに迎え、大東市の持つ「介護予防」という知的財産を活用しようと思い立ったのです。市とは逢坂さんを無料レンタルしてもらう代わりに、収益の一部を市民がより元気になる事業に物品などで寄付する覚書を交わしました。理学療法士や作業療法士、言語聴覚士といったセラピストは主に病院や自宅で医師の指示のもと対個人のリハビリをしており、逢坂さんのように「地域のリハビリ」を職域としている人は全国的にみても稀でした。スクールを始めてみると、自治体や地域包括支援センターで働く保健師などの専門職、地域の人を丸ごと元気にしたいセラピストがたくさん門を叩いてくれました。ここでの目的は体操の先生の量産ではなく、自分達の地域を評価し、マネジメントする力をつけることです。漁師町でも農村でも、住民という民と保険者である公、さらに地元企業である民が連携してつくる公民連携の健康事業は、全国津々浦々で実現の可能性があります。

6年目に入ったこのスクール事業は、要望に応えるうちに、都道府県と年間契約しモデル市町村への実地指導と全体研修とを行う型と、大阪府内の主任ケアマネジャー法定外研修として単発開催する型に落ち着きつつあります。研修後に実践し、効果が出つつある市町も増えてきました。途中、逢坂さんと日本列島北から南、県庁営業をする旅をしたり（これは効果がありました）、全国の地域包括支援センターにダイレクトメールを送るための封入れ作業で腱鞘炎になったにも関わらず申し込みがゼロ、のような失敗を重ねながらも、大切に続けてきました。当初のように志の高い個人が集まる集合研修もまた行う予定です。このように、一つひとつの事業を練ってつくり、事業のファンをつくることが、何よりも大事です。ハコモノが建つまで、自分の給料を何とかして稼ぎ出さなければならないところから苦肉の策ではじめた公民連携ソフト事業でしたが、受講料の値付け一つとっても、公務員歴しかなかった私にとってかけがえのない民間事業経験になりました。

仕事のあるところに人は集まります。まちの持続可能性はそこに産業があるかどうかが大きく関わってきます。大東市にはかつて三洋電機の広大な工場がありました。アート引越しセンターなど大東市が創業の地である企業の多くもこの地を去りました。そのような中、株式会社ノースオブジェクトがもりねきに本社を移転することで、60余名の社員がここで働き出し、新たにショップや工房で働く数十名の雇用も生んでくれたことには大きな価値があります。法人税が市に落ちる落ちないという問題だけではありません。まちに老舗の店が残り続けると同時に、これからの時代に即した新しい産業が生まれるように、生まれた産業を育てるように、全てのまちづくりのベクトルは向いていなければなりません。埼玉の草加市では「3ビズ」という、起業してまずは月3万円を稼いでみようよ、というプロジェクトが根付いています。専業主婦であった彼女たちが生き生きと経営する姿を見て、次々と後が続いていきます。コーミンもスタートアップ企業として、自らの事業性も追求しながら、周りの人たちもチャレンジしてみたくなるような気運や土壌をつくっていきたいと思っています。まずは私たち自身が、楽しみながら。

Column

コーミンと働くひとの声

「社会課題で儲ける！」とか言っても、変な顔されない。

こんにちは。うたみなの山中です。デザインやコピーで、コーミンの情報発信をお手伝いしています。

今回は、この一枚の写真から。

これは『経済界』という由緒あるビジネス誌の２０１８年７月号です、タイトルにでかでかと「社会課題で儲ける！」と書いてあって、あの吉本興業が社会課題の解決にビジネスとして全面的に取り組みはじめた、という巻頭特集が組ま

『経済界』（経済界、2018年7月号）

れています。私は本屋でこれを手にとった時、ちょっと感慨深いものがありました。いまでこそ、「ソーシャル」や「社会課題」や「SDGs」や「CSV経営」などの言葉をニュースなどでよく目にするようになってきましたが、私が独立した2013年には、それらはごくごく一部の人たちにしか伝わらないマニアックな用語でした。「こんど独立して、ソーシャルをテーマに広告企画事務所をやっていこうと思ってるんです」と言っても、ほとんどの人に「あぁ、ソーシャル・メディア？ いいね！ これからの広告業界はSNSだね。最先端だね」と微笑まれました。「いえ、ソーシャル・メディアではなく、ソーシャル・デザインとかソーシャル・グッドのほうなんです。つまり、社会課題解決で社会貢献みたいな」と説明しても、ポカン、とされるだけで。そうかと思うと逆に、「社会貢献」という言葉に過剰反応されて、「エライですねぇ。尊敬します」なんて神妙な顔で言われたりして。あれから5年。吉本新喜劇の中でさえ、社会課題やSDGsが語られるような時代になりました。いま、私はコーミンのWEBサイトの全面リニューアル作業をお手伝いさせてもらってまして、そのサイトの冒頭はこんなコピーからはじまる予定です。

——公民連携による「新しいビジネス」の開発で、健康づくり！ まちづくり！

ここにある「新しいビジネス」とは「=ソーシャルビジネス」だと私は思ってい

ます。大東市という街と、そこに暮らす市民のために、健康づくりやまちづくりといった事業を展開して、しっかりお金も稼いで持続的に活動していこう、という会社がコーミンです。そして、そこに必要なのは社会課題解決マインドであり、商売視点でのアイデア、つまりソーシャルビジネス発想なのです。ここに不思議な魅力を感じ、こんなまちづくり会社が将来どうなるのかを見てみたいと思ったことが、面識もなかったコーミンにアプローチした大きな理由の一つです。

ソーシャルビジネスを初めて提唱したと言われるのは、バングラデシュの貧困層をマイクロファンド事業によって救済したグラミン銀行の創設者で、ノーベル平和賞受賞者のムハマド・ユヌス教授です。「ソーシャルビジネスの父」とさえ呼ばれる彼が書いた、ソーシャルビジネスの7原則を以下に記してみます。

1　ソーシャルビジネスの目的は、利益の最大化ではなく、人々や社会を脅かす「貧困」「教育」「健康」「技術」「環境」にまつわる問題を解決することです。

2　財務的・経済的な持続可能性を実現します。

3　投資家は投資額を回収します。しかし、それを上回る配当は還元されません。

4　投資の元本の回収以降に生じた利益は、ソーシャルビジネスのさらなる普及とよりよい実施のために使われます。
5　地球環境に配慮します。
6　ソーシャルビジネスの雇用者は、よい労働条件で給料を得ることができます。
7　楽しみながら。

最後の一行に、しびれました。

Do it with joy！　楽しみながら、やるべし！

この一行を読んだ時、フワフワしてるしがない広告屋でもこの分野で少しはお役に立てることがあるかもしれない、と思ってしまった次第です。難しいことをやさしく、やさしいことを楽しく表現するのは、ちょっと得意。

かくいうコーミンで働く入江さんたちや、コーミンに関係している人たちに私が肌で感じるのも「大変やけど楽しくやろうや」の精神です。これが、この生まれての小さな会社のお手伝いをしたいと強く思った、もうひとつの理由です。

今後は、情報発信や表現だけでなく、それを見越しながらの中身づくりにもアプローチしたいなぁ、なんて思っています。楽しみながら。


（山中貴裕、コーミンｎｏｔｅ（２０１８年7月6日）より）

2

市営住宅営繕担当者として
ぶつかった壁

かつての飯盛園第２住宅全景

このままで良いのか⁉ 市営住宅

市役所では、長く市営住宅の営繕業務に携わっていました。その中でぶつかった壁、感じた危機感をクリアしようとしたクリエイティブな試みが今の事業です。知識・経験・現状認識の箱の縁に立ち一歩踏み出すことがクリエイティブであるとすれば、まずはその私の箱の中身を書いておきたいと思います。

いわゆる「団地」の歴史は、1923年の関東大震災後につくられた同潤会アパートに端を発しています。1951年に戦後復興の一環として国民に住宅を大量供給するため、公営住宅法ができ、都道府県営もしくは市町村営の「公営住宅」の整備が本格的に始まりました。その後1955年に「日本住宅公団（現UR都市機構）」が設立され、勤労者層に対する住宅供給はこちらが担い、公営住宅は低所得者向けのものとなります。1965年には、「地方住宅供給公社」ができ、合わせて団地の3大事業者として現在に至ります。分譲のものを除き、これに特定公共賃貸住宅、特定優良賃貸住宅、高齢者向け優良賃貸住宅、サービス付き高齢者向け住宅などを含めたものが「公的賃貸住宅」と言われるものです。

関西の2大ニュータウン、千里と泉北では、これら公営住宅・公社賃貸住宅・UR賃貸住宅

図１　大阪府住宅供給公社のリノベーション物件

が共存してビッグタウンを形成しています。泉北の団地エリアを歩いてみるとそれぞれのカラーが出ていました。似たような階段室型の５階建て団地でも、ＵＲ賃貸は共益費なども一般並みなので外構も綺麗に管理されており、空き家整備も民間仕様、ＴＶ広告などを見ても分かるようにかなり民間のマーケットに寄っています。無印良品とコラボしたリノベーション住宅「ＭＵＪＩ×ＵＲ」が若年層の心をつかみ、今風にリノベーションしている部屋でも家賃５万円代、駅からの距離にもよりますが、民間賃貸と比べても普通に選択肢の中に入ってくる感じです。公社賃貸は、公社自体が都道府県や政令指定都市が設立したものであり、実際に公営住宅の管理も受託していることから、かなり公営住宅寄りの整備・管理仕様になっています。また、公営住宅があくまで同居親族がいることが条件の家族向け住宅で、かっちりとした公営住宅法に縛られているため、公社住宅がその枠にはまりきらない層に対応したり、出資元（泉北の場合大阪府）や立地しているところの自治体（同堺市）のまちづくり政策を補完してきた歴史もあります。これまでも社宅やシェアハウスとしての売り出しや、階段室をはさんだ2戸の壁をぶち抜き1戸にした「ニコイチ」など、公営住宅ではできない団地再生にチャレンジしてきました。ただし、そのすぐ横で、最も家賃の低い（所得に応じる）公営住宅が高層に建て替わり、エレベーターも付き高スペックになっているという矛盾も起きています。各地でニュータウンの再生が進んでいて、それぞれは頑張っているのですが、3者が連携してエリアの価値を上げるところまでは至っていないように感じます。3者の役割分担、特に中間的存在である公社の方向性が明確になるともっと違うのではないかと思っています。

公社賃貸に注目しているのは、コーミンが整備した「もりねき住宅」も、将来的にそれに近い存在になっていく可能性があるからです。住宅確保要配慮者に対する賃貸住宅の供給の促進に関する法律（セーフティネット法）では、公的賃貸住宅の管理者は、その入居の選考に当たり、住宅確保要配慮者の居住の安定に配慮するよう努めなければならない、とされています。「アフォーダブル住宅」（低廉な家賃で質を備えた住宅）の供給も公的賃貸住宅の重要な役割の一つですが、建て替えて高層にすると家賃が上がってしまうというジレンマもあります。高齢者や障害者、外国人の入居を拒まない「フェアハウジング」の役割もありますが、これらの取組は民間賃貸でも進んでいますし、質の良い5万円以下の賃貸住宅が民間でもたくさん余っています。民業圧迫、ともならないように考えていかなければなりません。倍率はそれほど下がっていない、空室もそれほどないから需要があるというような資料に惑わされず、公的な補助が入っているからこそ、より適切な戸数が役割を明確にされた上で整備維持されるべきです。

高齢者の総数がもう頭打ちである、ということをご存知でしょうか。高齢化率30％弱の平均的な都市部である大東市で、65歳以上の人の数はもうこれ以上増えません。団塊の世代がこれから80歳以上の高齢者に推移し、労働者が減るので一人あたりが支える要介護の高齢者の数は増えます。大変になるのは事実です。しかし、それをまだまだ高齢者が増えることのように勘違いしている人が多いのではないでしょうか。実質的な高齢者の「頭数」は、若い世代の多い関東の一部都市を除き、全国的に見るとこれ以上爆発的には増えないのです。数値をきちんとよむこと、そして本当に必要な情報が省庁の縦割りの壁を越えて共有されること、既得権益の壁を壊してトップが判断することが求められています。サービス付き高齢者向け住宅などは今もどんどんつくられているようですが、心配になります。

団地と言えば、敷地のゆとりと住棟間隔の広さからくる「日当たり・通風・緑の多さ」がその魅力の代名詞となっています。何十年も前から変わらずにです。日本人は特に新築に加えてこの日当たり、通風が大好きです。住棟間には当初はなかった駐車場やエレベーターなどが整備され殺風景にはなっていますが、今また高齢化や若者の車離れから空き駐車場も増え、それが民間駐車場事業者の資源になっていたり、市民農園になっているところもあります。給水塔や児童遊園がある風景や外観もノスタルジックで、日本人の感覚や生活にマッチした田の字型の間取りは、国が先導した建築設計上の名作です。静かな昼下がり、誰かが干している布団を叩く音が住棟間にこだまする。夕方になるとどこからともなく美味しそうな匂いが漂ってくる。他人の生活が感じられながらも匿名性が保たれているこの感覚は、戸建てや高層マンションでは得られないものでしょう。これら公的賃貸住宅の整備にかかる交付金を握っているのが国土交通省であることからも分かるように、良くも悪くも長い間「建てる」ことに集中してきたことの功罪をはらんでいるのが団地なのです。先人たちが築いてきた団地の用地や建物などの財産と技術に感謝し、敬意を払いながら、これからの時代に必要な公営住宅、公的賃貸住宅を考えていかなければなりません。

全国に217万戸ある公営住宅の制度を少し解説します。公営住宅は憲法第25条（生存権の保障）の趣旨にのっとり、公営住宅法に基づき、国と地方公共団体が協力して、住宅に困窮する低額所得者に対し、低廉な家賃で供給されるものです。供給は、地方公共団体が建設（または民間住宅を買取り・借り上げ）して管理、国は整備費等を助成します。補助率は、建設や買取りの場合全体工事費の概ね45％、借上げの場合は共用部分工事費の３分の２の概ね45％です。家賃低廉化のために、近傍同種家賃と入居者の所得に応じて決まる負担基準額との差額の概ね45％を助成する制度もあります。入居資格として、まず収入基準があります。政令で定める扶養家族等の控除を適用した上で、世帯の月収25万９０００円（収入分位50％）を上限として条例で定めます。が、ほとんどの地方公共団体が参酌基準である15万８０００円（収入分位25％）に設定しています。収入分位25％とは全国の２人世帯を収入の低い順に並べ、低い方から4分の１番目に該当する収入に相当する分位とのことですが、入居資格として２００７年から変わらない数字が適正なのかどうかも含め、謎が深い数字です。加えて、住宅の困窮要件です。持ち家がある人などは申し込めません。収入超過者とは３年以上入居し、入居収入基準を超える収入のある者で、明渡し努力義務が発生します。高額所得者は、５年以上入居し、最近２年間で収入基準を大きく超える収入のある者で、近傍同種家賃が適用され、地方公共団体が明渡しを請求することができます。しかし実態は、明渡し請求までいたることはまれで、収入が上がり家賃が上がっても払い続け、年金暮らしとなり再び下がった家賃で入っている世帯も多いです。子どもなどへの地位の承継承認制度もあるため、通算ではかなり長い年数入居している世帯もあります。市の公共サービスの中では、保育や教育などと違い、その世帯に対して長期間関わるサービスとなっていることは間違いありません。

病気や年齢、障害などで生活をジャンプアップさせられない世帯を除き、収入が増えた世帯は、その時に困っている世帯に部屋を譲る、というのが理想だと思います。一方で、住み慣れたところを離れたくないのに収入が増えれば家を変わらなければならないというのも、居住の自由を奪うことになるジレンマを感じていました。また、入居は公募によるとされているので、抽選に外れた人の不公平感も強いものです。公営住宅にはどうしても数の限りがあり、方や民間の空き家は増えています。生活保護（家賃扶助）の前に、賃貸住宅に住む低所得者への第2のセーフティーネットとして、住宅バウチャー（家賃補助）制度が以前大阪府でも検討され国にも提言されていましたが、今現在も国の制度とはなっていません。大きくは財源の問題でしょうが、給付業務が煩雑ということもあるでしょう。ベーシックインカムが議論されている昨今、持ち家かそうでないかだけを判断し、この部分だけでも導入するのもありなのではないでしょうか。

営繕担当者として直面してきたのは、連絡が取れない、入居者同士のトラブルが起きる、火事が出る、ゴミの分別をはじめ、住戸内や共用部をマナー良く使えないことなど「人」に起因する建物管理の難しさでした。これらの問題は、全く公営住宅に限ったことではなく、隣に誰が住んでいるのか分からないような賃貸マンションや学生用ワンルームでも起こっています。

生活管理能力や危機管理能力など、入居者の持つ「自助力」が高く、「住環境への愛着」が大きいほど、住宅の管理はたやすく、共用部も綺麗に保つことができること、その逆もしかりです。生活管理能力を支えているのは、その人の心や体の健康であり、それらを維持し、家賃や光熱水費を問題なく払える収入です。福祉的なケアが必要な人には当然適切な支援が入るべきですが、それだけではなく、生活を安定させ、さらにジャンプアップしようとさせる、知識や意識、心の張りのようなものが、公営住宅の入居者に要るのではないか。せっかく公費を使うのだから、優しく受け止め、ここに居る間に力を蓄えてまた一般住宅での生活に戻ってもらう、しなやかで弾力のあるセーフティネットが本当は必要なのではないか。公営住宅の整備・管理ハンドブックのどこにも書いていませんが、そう考えていました。身近な共助コミュニティに属し、自分にできる範囲で住環境を良くすること、誰かの役に立つことも生活にプラスの影響を及ぼします。継続入居者が少ないとコミュニティの維持が難しいと思われがちですが、自治会の役なども多くの人が少しずつ担い、1〜2年で交代する方が風通し良く持続する場合もあり、工夫の余地はあります。入居者だけの閉じたコミュニティではなく地域に開かれたものであれば、より負担も軽く、顔見知りとなった近隣への住み替えという選択肢も出てくるかも知れません。そのためにも、地域の誇りとなるような、エリアに市営住宅があって良かったと、近隣住民にも喜んでもらえる建て替えをしたいという想いがありました。

「地域の象徴のようなコンクリートの大きな箱は要らん！」

２００８年頃、市内でもかなり老朽化の進んでいた市営飯盛園第2住宅の建替計画が頓挫するという出来事がありました。風呂なし耐震性なし、セルフリノベーションも激しいこの住宅の建て替えは当然進むものだと思っていたので衝撃でした。住民も各部会に分かれて何回もワークショップに参加し、基本構想もできていました。ネックとなったのは建設費用がかかり過ぎる点でした。そこから庁内の機運も下がり、建て替え運動をされていた方たちも雲散霧消してしまいました。

それから約4年後の２０１２年、再び地域にまちづくり委員会が立ち上がり、建て替えに向けた協議がはじまりました。計画改修の対象からも外れたままの団地は、ベランダの手すりなどあまりの錆に布団も干せない状態で、営繕担当としても早く何か手を入れたい一心でした。全ての市営住宅に対し「市営住宅長寿命化計画」を立てるよう府からも盛んに言われていた時期でもあったので、これ幸いと、周辺で同じように老朽化していた嵯峨園第１・第2住宅も集約建て替えし、積めるだけ積んで10階建２００戸にするような絵を描いて市長にレクチャーをしました。市政は岡本日出士市長から東坂浩一市長に代わっていましたが、今度の市長も首を

図2　かつての飯盛園第2住宅

縦には振ってくれませんでした。

今思えばあり得ない計画ですが、この当時はまだ管理で感じていた課題とハード整備は別で考えていました。PFI方式で民間の資金を導入し、初期投資も抑える計画にしているのになぜ通らないのだろうとも思っていました。東坂市長は、「建て替えの方向性は悪くないが、市営住宅の敷地だけで考えるな。エリアには未利用の土地、公園、公共施設など市有財産が他にも色々あるだろう。できれば民間不動産開発も巻き込んでほしい。ワクワクする夢を籠いっぱいに盛って持ってきてくれる民間の力が必要だ」と言われていました。こちらは今思えば全くその通りになったのですが、当時はイメージも湧かず、そもそも単体の課では絵を描くこともできず、長寿命化計画も一旦筆を置くことにしました。

またもや凍結か、と思っていた２０１４年、市長と政策推進部の東克宏部長が『稼ぐまちが地方を変える　誰も言わなかった10の鉄則』（ＮＨＫ出版、２０１５年）などの著書のある木下斉さんの講演を聞き、「公民連携のまちづくり」という思想が大東市に入ってきたところから、建替計画が手法を変えて一気に進むことになりました。一つの柱となったのが、地域のまちづくり委員会の委員長であり、現在はもりねき住宅の大家、東心株式会社の社長となられた鈴木竜次さんの覚悟から出た言葉です。「地域の象徴のようなコンクリートの大きな箱は要らん！　外からこの地域に住みたいという人をつくる」。まちづくり会社による市営住宅の建て替え、商業施設との一体整備、誰もやったことがなく、見たこともない景色をつくる過程では、周囲に

図３　デザイン会議で描かれたイメージパース

惑わされブレそうになる時が幾度となくありました。そんな時も、鈴木さんのこの言葉に立ち返ることで、誰に忖度することもなく、軌道修正することができました。

もう一つは、建築設計や不動産コンサルティングの分野で幅広いサービスを行っている、ブルースタジオの大島芳彦さんにデザイン会議で描いていただいたイメージパース図です。まず人々が憩う芝生の公園が目に入ります。温かみのある木造低層の建築物群の背面には住宅街と豊かな山並みが広がっています。アフタヌーンソサエティの清水義次さんにランドスケープやコンテンツを監修していただき、オガールの岡崎正信さんに事業性を評価していただいたこの絵があったからこそ、自信を持ってテナント企業への営業ができました。

FM（ファシリティマネジメント）の観点から

市の職員時代もう一つ積極的に関わっていた活動に、FM（ファシリティマネジメント）がありました。FMとは、企業・団体等が持つファシリティ（土地、建物、構築物、設備等）すべてを、経営にとって最適な状態（コスト最小、効果最大）で保有・賃借・使用し、運営・維持するための総合的な経営活動です。1970年代後半にアメリカで生まれたこの活動は、20年ほどで世界各国に広がり、日本でも1996年に公益社団法人日本ファシリティマネジメント協会（ＪＦＭＡ）が誕生しました。特に業態が違っても共通項の多いオフィススペースの研究は古く、ＩＣＴの活用、省エネ、ＢＣＰ対策などの体系的な視点が得られます。ですが、自治体職員の目にまず新鮮に映ったのは、「ファシリティを経営戦略的視点から統括的に管理・活用する」という考え方そのものでした。多くの自治体には企業では極当たり前のこの発想がなく、管理は部署単位、活用は鶴の一声だったからです。

２０１０年に自治体等ＦＭ連絡会議ができ、市町村の建築技師が中心となって各地域会をつくり、情報交換をはじめました。まずはどこも「施設白書」づくりに取り掛かりました。当時自治体が保有する資産に関する統括的な情報は、総務管財の部署が火災保険をかけるために保管している台帳ぐらいのものでした。それぞれの施設にどれ程の維持管理費がかかり、どの程度利用されているのかなどを一覧で見ることはできません。これには、近年は変わってもきましたが、資産に関する会計処理方法が民間と違うことと、省庁による縦割り行政も影響していました。整備の基準や補助金の制度は各省庁によって違い、例えば学校施設であれば文科省基準で整備し、都道府県の教育委員会に毎年度提出する施設台帳で管理しているというような事情がありました。公共施設を大量生産しなければならない時代は、市にとっても各課に任せることの方法が効率的でしたが、縮小の時代、限られた工事費の分配や施設の統廃合を行う時に、優先順位や最適解を考える元となるデータが企画財政部署の手元にないのは不便でした。そしてこれらの割を最も食っていたのが、建築技師たちでした。改修工事の依頼はいつも各課から脈絡なく降ってくるため仕事量が読めず、予算の都合で設計・施工費は急にカットされ、施設の複合化では部局間の陣取り合戦に巻き込まれていました。

自治体でFMが導入されてこなかった大きな理由に、ハコモノと政治との関係の深さもあげられます。首長選ではハコモノの建設、または建設中止が度々公約に挙がります。本市でも庁舎の移転、現地建て替え、耐震改修をめぐり、市議会でかれこれ10年議論されています。どうせ政治で決まるのだから、ハコモノに関する計画は立ててもあまり意味がないと思われがちでした。自治体は民間企業と違い、民意を汲む必要があったり、インフラ整備費用などを世代間の負担公平の考え方から地方債という長期借入で賄ったり、補助金を貰って整備すると一定期間は壊せないなど独特のことはあります。それでも同じ経営組織として、企業が流行っていない店舗を閉め新規出店の戦略を立てるように、傍に各施設の一元化されたデータとファシリテイマネジャーを置き、政策と照し合わせる必要はあると思います。車に例えると、軽自動車には軽なりの、フェラーリにはフェラーリなりの維持管理費用がかかります。建物も同じで、それ以上に動かせないので、どこに何を建てるのか、レンタルやシェアにするのか、選択肢が多い時代だけにそれぞれを選択した場合のメリット・デメリット、概算コストや工期などについてざっくりとでも助言できるCM（コンストラクションマネジメント）の要素も要ります。

その後各市に次々と「財産活用室」のような全庁横断的に公共施設マネジメントを担当する部署ができました。総務省から自治体に対し、公共の持つ床面積を半減させる「公共施設等総合管理計画」をつくるように通達があったことも関係しています。実際、それら組織がFMやCMの責務を果たしているかは自治体によってかなり違います。企画・財政の部署には技術職が入らない方が良い、という考え方もまだまだあります。事業への情が湧くだけに、予算編成で大抵そこしか切るところがなくなる工事費をバッサリと切れないからとも言われていますし、技術職側にも、決めるのは企財部に任せるが決められたことはきっちりやる、という役割分担意識があるように思います。そうかといって、事務職の不動産投資や開発のプロフェッショナルが居るかというとそれもまた不在という、役所とは、法令に書いていないことに関しては、市民が思っているよりも素人的な判断がなされているところという現状があります。これでは、外部コンサルやゼネコンと渡り合い、議会に対して適切な案を上程することができず、市民の良質な財産を守る、築くということができないのではないかと危惧します。

FMでは「財務」「供給」「品質」のバランスを考えて目標を立ててマネジメントをします。「品質」の部分はとても大切で、下手をするとブロック塀の倒壊のように市民の命にも直結しますが、おざなりになっている場合があります。建物の日々の点検や定期的な法定点検がなされており、それらで異常が認められた箇所がきちんと予算要求され、修繕されるシステムができているでしょうか。事務職の施設管理者の中には、建物管理がどちらかと言うと苦手で、点検業者からきた報告書も棚に並べて終わりという方も珍しくありません。点検業務委託などは包括業務委託し、コストの圧縮をはかるだけでなく、長けた職員が一括で結果の精査まで行う方が良いでしょう。

ちょうど「女子会」流行りだった2013年に女性FM会をつくって取り組んだのが、子どもたちの命を守ることに主眼をおいた『学校施設の点検ハンドブック』でした。保育園や幼稚園、小学校の管理者には女性も多かったので、彼女たちでも手に取りたくなるような図柄にし、建築用語の解説も付けました。ハンドブックを実際に使い、目や耳、手など異常を五感で感じる施設点検ワークショップも行

図4　商業施設エリアに建っていた平屋建の市営住宅

いました。FMの活動を通して、市役所の枠を越えて役に立つものをつくることにやりがいを感じたことは今の仕事につながっています。また、民間を含めても、施設マネジメント業務や大規模な開発業務に携わる女性は組織の中で非常にレアな存在で、それ故に組織を超えて自然に集まるようになりました。男性保育士の集まりもあるように、普段職場で少し肩身の狭い思いをしている人たちが集まって息が吐ける場所は必要だと実感した数年間でもありました。女性FM会の中では当時でも、木造・低層・屋外空間のような話がよく出ていました。これまでの開発が、競うようにより大きく、高く、高容積につくられてきたことと、組織やプロジェクトのメンバーが中高年の男性中心であったこととは無関係ではないかも知れません。女性だけでなく、様々なジェンダーの人、多様なキャリアを持つ人、そして若者がこれからもっと組織の意思決定や大規模プロジェクトに関わるようになれば、世の中も少しずつ変わっていくのではないか、とも思いました。

FMは今の自治体活動の中では、行政改革にあたります。縮小の時代、行革は避けて通れず、無理と無駄を省くことと並行してやらなければ、公民連携も何もありません。とはいえ、事業を整理し数年間辛抱すればまた新規事業で出直せるという民間企業とは違い、人口は減り続け、商売変えもできない、先の見えない改革です。決して楽しい仕事ではありません。公の持つ床面積を半減させなければならない公共施設等総合管理計画がどこもあまり進んでいないことからも分かるように、市の財政を考えると総論には賛成でも、各論となって目の前の公民館がなくなるとなれば反対の声が上がります。住民に対して夢を語れないのは、つらい仕事です。

後の章でお話ししますが、公共施設をソフトランディング的に廃止する方法としても、公民連携はその力を大きく発揮します。FMの根幹は、所有する土地や建物をお荷物だと思って簡単に手放すのではなく、愛を持って向き合い、資産として前向きに捉えるところにあります。資産活用室が率先して公共施設の断熱改修や脱炭素、ゼロウェイストなどの取組みを行っている市町村もあります。企業・団体の理念や目指す方向を体現できるのもまた、ファシリティの持つ力なのです。

まちづくりの主役を公共事業から民間事業へ

地方の海沿いの国道などを車で走っていると、突如のどかな風景と不釣り合いな綺麗で大きな建物が現れることがあります。それらは大抵何らかの建設交付金を用いてつくられた施設やモニュメントです。民間だったら、集客数や売上げを考えるとそこまでの投資はできないし、土地が広いのだからあえて高層にしなくても、平屋や2階建で十分なのです。交付金が入ると、採算は度外視になり、東京のコンサルが計画し、大手ゼネコンが施工するため、都心のモジュールのままの異質な感じのものが建つのです。これが、マーケットが崩れているが故の違和感なのです。地方にも寺社仏閣やまちに古くからある地域一番店など、大きくても郷愁を感じる建造物はあります。自治体周りの様々な団体や実行委員が行う、補助金が無ければ継続しないイベントと、地域の人たちが時間と労力を使って開催している伝統的な祭りとでは、人を惹きつける力が段違いです。祭りの時は必ず帰省したり、お金を出したり、そこに住み続ける動機にすらなります。昔「地域の工務店が建てられるものが、その地域の身の丈にあった建築物なのだよ」と教えられとても納得したことを覚えています。加えて言うなら、「地域の資本で建てられ、借りられるものが」でしょうか。地域の産業である田畑や漁港、町工場などと、その稼ぎで作られた家々、生活を支える商店や祭りが織りなす風景が美しいのはそこです。

近年の京都などでは、海外資本のホテル建設が相次ぎ、大阪のタワーマンションの上層階の多くも遠方や海外の人たちが購入、転貸しています。その場合、地域とのつながりは薄れる一方です。今あるものの価値を見直し磨く、地域でお金が循環するように促す、エネルギーなど無駄に出ていくお金を絞るといったことが、国や地方公共団体の役割です。交付金ではなく、政府系ファンドや出資の制度が、もっと使いやすく充実されるべきです。補助金を使い大きくて綺麗な建物がお得に建てられることのどこが悪いのか、と思われるかも知れません。公共工事でも、有名建築家を選定してランドマーク的な建築をつくることが支持される現状もあります。ただ公共の基準で建てると、どうしても過大で高仕様なものになりがちです。公共工事の設計では3社見積が取れる工法や建材しか選定できないので、必然的に同じようなラインナップを持つ大手メーカーに設計協力をもらい、実際そのどれかの建材になります。また、丈夫につくり、しかも壊れるまで改修予算がつかないので、設備や内装が時代と合わなくなります。流行りの壁にアンティーク建具を組み合わせたような民間の内装と比べると、どうしてもモッサリとした印象になってしまいます。百貨店やショッピングモール建築もそうなのですが、基本今の若者たちは、大きくて綺麗で館内サインもいたる所にあるような親切な建築を、残念ながらダサいと感じてしまうのです。

まちづくりの主役を公共事業ではなく民間事業にしようという方向性が明確になってきました。その上で、来場者数の増加などではない、真の意味でのエリアの価値向上を目指します。エリアの価値向上とは、定量的には、周辺地価・家賃の上昇です。これはKPI（重要業績評価指標）として市も設定しました。定性的には、エリアに良き商いが増え、ここでの暮らしに憧れた人が外から移り住んでくるであろう「期待値」がアップすることを目指します。外からこの地域に移り住みたい人をつくるためには一体どうすれば良いのか。そもそも人はどんな理由でそこに住むのか、その土地を離れたくないと思うのか。今もコーミンが探究し続けるテーマが生まれた瞬間でもあります。

一方で、地元メンバーには「地域を荒らすようなことはしたくない」という思いもありました。地域で新しいことをしようとするものの責任として、また、親戚一同その地域に住み続けるものとしてもです。テナント誘致、設計、公園利用などの各段階においても、それが地域を荒らすことにならないか、時には喧々諤々、議論を深めながら一つずつ確認していきました。迷った時には、地域に新しい風を吹かし、今までこの地域に来たことのない人に来てもらえる方向、今残っている地域の商店も一緒に盛り上がるであろう方向へと、手探りで進んでいきました。それが、まずは住民が自慢できるまち、訪れる人たちの満足度を上げるまち、いつか「住みたいまち」になる第一歩だと信じて。

3

公民連携まちづくりの最前線、紫波町オガールで学んだこと

morineki オープニング　岡崎正信さんと筆者

株式会社オガール代表・岡崎正信氏のもとで実務を経験

2016年3月末、春休みに入った3人の子どもたちとランドセルを車に乗せ、岩手県紫波《しわ》町に向かい大阪を出発しました。日詰《ひづめ》商店街裏にあるアパートに到着すると、夫だけ残した逆単身赴任生活が始まりました。4月から9ヶ月間、岡崎正信さんの元で開発系PPP（パブリック・プライベート・パートナーシップ）エージェントの仕事を学ぶ、「オガール暖簾分け研修」を受けるためです。紫波町と岡崎さんが駅前の町有地を使った公民連携のまちづくり「オガールプロジェクト」を始めて5年、第4期で最後の事業棟である民間複合施設「オガールセンター」の建設、開業がこの年のミッションでした。

オガールは、フランス語で駅を意味する「Gare（ガール）」と紫波の方言で成長を意味する「おがる」を組み合わせた造語で、紫波が持続的に成長していくことを願い名付けられました。農村と都市が共生するまちが開発テーマで、全てにおいて優れたデザインを採用することも明言されています。

岡崎さんは、地域振興整備公団（現UR都市機構）と建設省都市局都市政策課、公民双方の立場で全国の地域再生事業に携わった後、2002年に家業の岡崎建設を継ぐために紫波町に戻ります。時代も悪く売上は右肩下がりでした。岡崎さんは「建設会社は公共工事が降ってくるのを、口を開けて待っているだけではダメだ。自分たちでまちを活性化させなければならない」という危機感を抱いたことをきっかけに、町有地を公民連携で開発するプロジェクトを提案しようと決めました。施工者ではなく事業者として、米国のPPP手法を取り入れたバンカブル（銀行融資可能）な企画を当時の藤原孝町長に提出したのです。企画が通り、町も出資する第三セクターが建設した第1期事業のオガールプラザには、町の図書館と情報交流センターの他、産地直売所（以下「産直」）や居酒屋、クリニックなどが入居しています。第2期のオガールベースは完全な民間事業棟で、バレーボール専用体育館とビジネスホテル、コンビニや飲食店などが入っています。第3期は紫波町役場庁舎で、こちらはPFIで建てられたものです。全ての建物はセントラルパークである芝生の広場に面しています。岡崎さんはそれぞれの事業会社の代表も務め、金銭リスクも背負っていました。提案した事業に自らも投資してこそのエージェントです。

暖簾分け研修には、手挙げで参加しました。2015年10月、市長・副市長直轄の新生部署、地方創生局に突如異動になり、技術系の部署以外に配属されたことがなかった私を含め6人の局員は緊張していました。木下斉さんらが主催する公民連携プロフェッショナルスクール（現都市経営プロフェッショナルスクール）の第1期生の合宿に行ってきたばかりの東克宏局長は興奮気味に暖簾分け研修のチラシを出し、異動してはじめての会話は「4月からオガール行かない？」でした。オガールのことはFMを勉強する中でも「稼ぐインフラ」として知っており、その年の5月に岡崎さんの講演を聞いて「この人に学びたい」と思っていたので、即答しました。東さんは子育て中の私が行くと言うとは思っていなかったようで驚いていましたが、早速東坂浩一市長には「先方が是非にと言っておられますので！」、岡崎さんには「市長が是非にと仰っています！」と、お得意の調整で話をまとめてくれました。民間会社であるオガールでの長期間研修を実現するために市の人事課も知恵を絞ってくれました。個人の持ち出しも少なからずありましたが、貴重な経験をさせてもらえる対価として、惜しくはありませんでした。

首長はよく、当選後に人材を民間から入れたり、本省の人を幹部として迎えたりします。その方が断然楽です。しかし東坂市長は、あえて職員を外に出し学ばせることを選びました。職員は研修で備わった力で特定目的の事業をこなし、その事業を完遂した後も組織に残ります。新たな視点で他の事業も行うでしょうし、周囲の職員にも影響を与えます。これが外部の人や外注だとそうはいきません。市長の決断に応えるためにも、必ず現地で使い物になる人間になろうと心に決めました。市に残り暗中模索してくれている地方創生局のメンバーたちも「一緒にやっている」と思ってもらうため、オガールで見聞きしたことは日々グループメッセージで送ることにしました。

仕事は納期・予算・品質の順に優先せよ

オガールセンターはRC造＋木造の2階建で、1階には町内初の病児保育併設の小児科と、アウトドアショップ、ベーカリーカフェ、美容室、事務所が入ります。2階には町の教育支援センター、スポーツジム、英語教室、賃貸住宅とオガールインのアネックスが並びます。人口3万3千人の農村にこの間増えてきた若い世帯が、安心して働きながら新しいことにもチャレンジできる、オガールエリア仕上げのコンテンツです。エリアビジョンである紫波町公民連携基本計画の「未来の紫波中央駅前におけるある1日」には通勤前にカプチーノを買う人の姿が描かれていました。まさにそんなライフスタイルを実現する施設ができました。

私は施主であるSPC（特定目的会社）「オガールセンター株式会社」側の人間として、全国を飛び回っている岡崎さんの代わりに、現地で設計者や施工者、町関係者やテナントとの折衝を行いました。プロジェクトに参加した時は、着工日が迫っているにも関わらず、ベーカリーの入居が急遽決まったことで、間仕切り壁の位置変更や壁に大きな排気用の開口を設ける必要に迫られていました。建物は柱と梁ではなく、壁で支えるタイプの「壁式」の構造でしたので、建築確認申請上の設計変更をかけました。建設費もまだ予算内に収まっていなかったので、コストを削減するために、階高を数センチ低くしたり、同じコンクリートの打ち放し仕上げでも、手の届く床から2メートルまではツルツルとした仕上がりになる化粧型枠、それ以上の高さはザラザラになる普通型枠を使用するなど、設計者である建築設計事務所みかんぐみの竹内昌義さんと細かい協議を重ねました。

ちなみにこれらはVE（バリュー・エンジニアリング）と呼ばれる手法で、コストを下げつつも機能性やデザイン性が損なわれないような代替案を示すことです。CD（コスト・ダウン）では、機能・デザインが劣ることは覚悟でより安価な材料へ変更したり、何かをやめて予算に合わせます。VE・CD案を発注者に提案して承認を得る作業は、設計中だけでなく、現場で発生する増額要素に対応するために工事完了まで続きます。例えばこの現場では小児科のレントゲン室はX線を通さないように壁や扉に鉛の板を入れますが、機材を入れる専門工事業者、本体工事業者どちらの見積からも、お互い相手が入れているだろうと思い込んでいて、その分が抜けていたことが発覚しました。予期せぬ地中埋設物の撤去なども含め、見積になくても絶対にやらなければならない工事は、どんなに設計図をチェックしていても必ず起きます。開発系の発注者やエージェントに、土木や建築の知識があるに越したことはありませんが、必須ではありません。現場が提案してくることに対し、他の技術者にセカンド・オピニオンを求めるなどして、迅速にやる・やらないの判断をし、1時間でも早く現場に返事を返してあげることができれば良いのです。進行中の工事現場では、現場監督は工程通りに材料や職人を手配するために常にカリカリしています。工事中、発注者の希望で追加変更してほしい部分も出てきます。それらに対応してもらうためにも、現場監督とは信頼関係を築いておかなければいけません。あとはその都度金額の増減を記録し、最終的な精算に備えながらも、基本は何があっても工期内予算内に収める、という強い意志を持つことです。

今回集合住宅の一室を別棟にあるビジネスホテルの「離れ」とするためには、盛岡の保健所に簡易宿泊所の許可を取らなければなりませんでした。その時も窓口で最初に「もうこの図面で発注されていて変更はできないのだけれど、どうすれば許可が取れるか一緒に考えてほしい」と言いました。結果、シャワーだけだったユニットバスに浴槽を入れ、ドア外に防犯カメラ、室内にフロント直通の電話を設置することで許可が出ました。岡崎さんには、「純朴な東北人担当者に大阪弁でまくしたてたからだろう」と言われましたが、そんなことはない…はずです。

暖簾分け研修にはもう一人、花巻市役所の伊藤ケイ子さんも来ていました。彼女は事務職で、直営事業であるベーカリーの会社設立や開業準備、各テナントとの契約関係をメインに進めてくれました。2人して岡崎さんから最初のオリエンテーションで言われたことは、とりあえずの外注主義をやめることと、仕事は納期→予算→品質の順に優先して進めることでした。経理でも何でも一通り自分でやってみると、ものごとの仕組みが分かり、自分の能力の限界を知ることができました。プロの力を借りなければならないところ、マニュアル化して人に頼める部分が見えてきて、本当に自分がするべきことを抽出できます。納期は絶対です。それには段取り力と仕事の速さが必須です。予算と品質にはコスパという相関関係がありますが、民間企業として生き残るためには予算が一歩優先します。木下斉さん曰くの売上－利益＝経費です。「品質の良いものを手に入れたい、提供したい」が先行してしまうと利益が出ません。しかし売上でも経費でも予算を優先していると、安くて良いものを仕入れる目利き力がつき、売値に品質を追いつかせようと努力もするものです。この3つの順序を意識して一仕事ずつこなすことで、「信頼される一人前の民間人になってゆけよ」と言われたと思い、今でも大事に守っています。

一番の経験は、出資者へのプレゼンの場に同席させてもらったことです。オガールセンターは一般財団法人民間都市再生機構（ＭＩＮＴＯ機構）からのまち再生出資と、紫波町からの出資を受けています。オガールベーカリーには盛岡の企業から出資の申し出がありました。プレゼンでは初期投資額とランニングコストを試算した事業計画が肝ですが、それと共に大事なのは事業の目的、コンセプトです。ストーリーに共感してもらえないと、リターンの額だけの話になってしまい、ビジネスとしては成り立ってもＰＰＰエージェントとしては失格です。合意に至ればプロジェクトにさらに出資者の想いを載せます。自己資金だけでなく人のお金である出資金を背負って行うプロジェクトだからこそ、事業の精度もよりシビアになり、交渉相手にも妥協せず厳しい姿勢で臨めるのではないかと思います。岡崎さんの周りには素晴らしいブレーン（専門家）集団やビジネスパートナーがおられます。盛岡ＪＣ（青年会議所）時代の友人が一肌脱いでくれることもありました。そこから生まれる、ありふれていない尖った事業が魅力的なのです。オガールのプロジェクトで多くのプロフェッショナルと仕事を共にする中で、いつか彼らに、私の事業にも意義を感じてコミットしてもらいたい、オリジナルのビジネスパートナーもつくりたい、何より誰かからの出資を受けて事業をしてみたいと思いました。

テナント先付け逆算開発

オガールのまちづくりの代名詞でもあるのが、このテナント先付け逆算開発です。設計に着手する前にテナントと仮契約を結び、テナントが払える家賃、欲しい面積、使い方から逆算して、建物の仕様・規模を考える開発手法です。建ててからリーシングをする従来型の開発では、月々の融資返済額や管理経費から按分《あんぶん》した家賃を払えるテナントしか入れることができません。賃料が高くて本当に入ってほしいテナントに入ってもらえない、面積ももっと狭くて良かった、もっと広ければ入居を考えたのに、というミスマッチも起こります。つくれば必ず借り手がついた都心のオフィス・店舗需要ですら今は右肩下がりです。郊外では駅前の物件であっても、開業までに全ての床が埋まらないというリスクを抱えます。もりねきも当然テナント先付け、ファイナンス協議、設計の順で進めましたが、後にお話しする融資協議の難航経験から、次回はまず資金調達の目処がたってからでないとテナントに声をかけられないよな…とプロジェクトメンバーと話したこともあります。

ただし、ここにあまりに慎重になってしまうと、出資元や融資元のつながりがある企業の入居や、息のかかった設計者・建設業者の関わりが前提になり、どこにでもあるような開発になってしまう可能性があります。やはりコンテンツは一番の肝なので、たとえ同時進行であったとしても優先順位は死守されるべきで、苦しくともそこがエージェントの腕の見せ所なのだと思います。

建物の新築やリノベーションにおいて設計事務所の選定はプロジェクトの成果を左右するものです。公民連携で行う事業の場合、人々の行動変容によりエリアの価値を向上させることがミッションなので、通常よりさらに重要だと言えるかも知れません。ただ建物がお洒落なだけではだめなのです。その建物用途に関する設計経験が豊富で、ランドスケープを重視する建築家が望ましいです。天気の良い初夏、オガール広場で人前結婚式が行われていました。若い町民にとって、公共空間が結婚式を挙げたい場所になる。これこそが目指すランドスケープデザインだと思いました。環境やエネルギーに関する知識があり、省エネ設計の技術力の高い設計事務所の協力も必要です。リノベーションの場合は特に、耐震補強しながら魅せる空間をつくれる構造設計事務所の存在も大きいです。そして一番は、逆算開発であり、公民連携事業であることを理解してくれる事務所であるかどうかです。それがエリア開発最初の施設であれば、テナント企業はファーストペンギンです。現状のマーケット価値が低く、実績のないまちづくり会社の事業に思い切って出店してくれるのです。内装工事費なども考えると、企業もそこまで高い賃料は出せません。その賃料から逆算した設計施工費は驚くほど低予算です。かといってこれが失敗すれば後はないので、呼び水となる施設のデザイン性は譲れません。これらの帳尻を合わせてい

図1　オガール広場での結婚式の様子

かなければならない、それは設計施工一括発注であっても、分離発注であっても、設計事務所自身のフィーも含めてであるという理解のある事務所とであれば気持ちよく仕事ができます。

　民間工事と公共工事の違いを一言で表すと、発注者から受注者に対し、信頼で始まるのが民間工事だとすれば、疑いから入るのが公共工事です。公共工事で、特に極端に低い価格で落札した、初対面の業者とは信頼関係がマイナスの状態から始まります。どこかで手を抜いたり、すぐに追加工事費を言ってくるのではないかと身構えてしまうのです。長い工期が終わる頃には意外と良い業者だったな、となることが多いのですが、オガールに来て民間企業同士は違うことを知りました。契約の日には必ず近所で一番の寿司屋に予約を入れておいてと頼まれ、お酒を酌み交わしていました。信頼がマックスの状態から始まる、この差にまず驚きました。工事が終わるまでの過程をみても、市では廃棄物を不法投棄しないように追跡写真を撮らせたり、下請け業者や使用材料などに関しても全部書類を出させる。そうやって、お互いに大変な労力を使って竣工を迎えます。しかし民間工事ではそもそも何か変な事をしたら、次から絶対に仕事が来なくなります。施主の顔に泥を塗るようなことはしません。だから、公共工事の時に私が何十時間もかけてチェックしていた書類が民間工事では必要最低限しか存在しないのです。

　それでも出来上がったものは、品質も問題なく、使い勝手も考えられたものです。引き渡し後も、管理する側と修繕する側として長い付き合いが続きます。改修工事はまた入札、となってしまう公共工事と違い、より竣工後の方に目が向いているからでしょう。

金融機関と向き合い事業を強いものにする

「銀行から金が振り込まれるその日まで気を抜くな」岡崎さんから言われた言葉の意味が最初は分かりませんでした。事業を行うにあたり金融機関からの融資を受ける場合、まずは事業計画書を示し、融資関心表明書をもらいます。複数の金融機関から関心を持たれれば、具体的な収支計画ができた時にさらに提案書をもらい、より良い金利条件のところに決めることができます。

オガールも4期目ともなれば、無担保無補償のプロジェクトファイナンスにも関わらず複数行からの提案があります。実績が東北地方の金融業界の常識を変えていました。そんな岡崎さんですら冒頭の言葉です。金融機関の方には申し訳ありませんが、過去に痛い目にあったことがある経営者の先輩から、これから起業するものへの忠告なのでしょう。これは同じく元建設会社社長であった東坂市長からも何度も言われました。実際、金銭消費貸借契約の日は融資日の直前なのです。こちらからはテナントや工事業者との契約書などさまざまなものを提出し、担当者曰く役員会も通過しているとのことですが、市役所や議会から「銀行からの融資の確約は取れているのか？」と聞かれても、紙に書いたようなものはいただけず困りました。銀行サイドからするとこれも当然で、どの会社でも突然社内の不祥事が明るみになったり、外的な要素で商売が傾く可能性はいつでもあるので、ギリギリまで確約はしません。金融機関と向き合うには、こういった金融業界の基本的なことを知り、さまざまな金融用語を使えるようになるところからはじまります。誰でも自分の事業は上手くいくと思いたいので、甘い計画になりがちです。融資を受けるのは大変ですが、シビアな視点で事業を見てもらえるという恩恵があります。

プロジェクトファイナンスで借りるためには、そのプロジェクトでの「あがり」、不動産賃貸業であれば、テナント賃料などの収入の確からしさが何よりも重要です。融資返済期間を超える期間のテナントとの賃貸借契約があれば最高です。収入から元利返済金、保険料、税金、共用部の維持管理経費などの支出を差し引いて、毎年どれだけのキャッシュが手元に残るのか、完済までの財務三表（賃借対照表、損益計算書、キャッシュフロー計算書）による事業収支計画をつくります。建物を建てても税金を支払う必要がない自治体職員は、馴染みの薄い「減価償却」という考え方を理解するところからです。例えば木造の店舗・住宅用の建物であれば、耐用年数が22年と決められており、建ててから22年間は、建設費を22で割った額をその年の経費として良いとされています。税金は売上から経費などを引いた額にかかってくるので、経費が多い方がすなわち節税になるのです。方や鉄筋コンクリート造の住宅用建築物の耐用年数は47年です。建設にかかる坪単価は木造に比べて高いですが、さすがに2倍はしません。融資返済期間を仮に20年とすると、木造の方がその間の融資返済額に対して減価償却費が高いため、収支は良くなります。オガールももりねきも木造を採用している理由の一つにこれがあります。

20年間の収支計画を眺めていると、16年目から急に収支が悪くなっていることに気がつきます。これは空調機器の耐用年数が15年のため、以降は減価償却費を計上できなくなっているからです。そこで、15年目に新たな借入を起こし、空調機器を更新することでまた減価償却費を計上することができます。金融機関の担当者と、「ここらでまた減価償却をぶつけましょうか」と話す感じです。このように、民間所有の建物は劣化してきたら資金を注入しフレッシュな状態を保つ方が「お得」なのです。耐用年数が決められている理由も、それによって経済が回るしくみも、金融融資を受け、会計の知識を持つことではじめて理解することができます。公共建築物がいつまでも設備更新しない理由も同時にお分かりでしょう。この耐用年数はあくまで会計上のものであり実際の建物や設備の寿命とは異なります。逆にリノベーションの現場では、エリアにおいて価値の高いまだまだ使える建物が、その築年数ゆえに改修費の融資がつかないといった弊害も起こります。

融資審査を通すためには、とにかく収支を良くしていくことに尽きます。土地の賃貸料が安いということはこの点において圧倒的に有利です。物件を借りるときも値切れるだけ値切ります。そして改修費や建設費をおさえることで初期投資額を小さくしつつ、テナント賃料は高く取れるようにしなければなりません。公共建築やバブル期の商業施設にありがちな吹き抜けのロビーなどの「稼がない床」は必要最小限とし、延床面積のうちのレンタブル比率を上げることが鉄則です。ゴージャスなロビーがあってこそ、その建物の価値が上がるという考え方もあります。ですが、私たちは同じお金をかけるなら、建物に入らずとも皆が享受できる小道や植栽、オガールであれば雪除けのアーケードなどにと考えます。エリアの価値を上げるためには、権威的な内部空間よりも、魅力的なランドスケープや風景にマッチした外観デザインの方が重要だからです。建物が高層化し面積が大きくなるに従い、エレベーターや法的に必要な消防設備なども増えていきます。これはランニングコストの増大に直結します。金融機関が出す条件をクリアするうちに、自然と低容積で高利回りの、身の丈にあった強い事業となっていくのです。

初期費用をどのように調達するのか、ということも並行して見られます。銀行ローンで調達したい額に対して、普通株式の発行や自己資本で構成するエクイティ（株主資本）と、その上に乗る優先株などのメザニン（中二階）をどれだけ分厚くできるかです。プロジェクトファイナンスでは、融資返済中に万が一テナントが撤退してしまった、というような時は金融機関も一緒になって次の借り手を見つけなければなりません。その間手元にある現金でしのげるよう、出資金へ配当を出したり、優先株を買い取る時期はなるべく後ろへ後ろへと倒すのです。

融資はできれば地元の信用金庫など、地域に密着した金融機関から受けるのが良いでしょう。地域でお金を回すということもありますが、共通の目標が、融資期間中もそれが終わった後もエリアの価値を毀損しないことだからです。地域の中小企業や個人の融資や相続、不動産取引などに関わることが多い信用金庫は、そのまちの商いの変化を肌で感じています。オガールでは東北銀行が第1期から関わり、プロジェクトファイナンスのノウハウが行内に蓄積されました。担保や個人保証に必要以上に頼った融資は、経営者にかかる精神的なプレッシャーが大きく良くありません。銀行の事業に対する目利き力も育ちません。公民連携事業

図2　オガールインのアネックス「OGAL TERRACE」

に融資することは、その金融機関にとっても良いことだと思います。もりねきで融資を受けた枚方信用金庫の四条畷《しじょうなわて》支店メンバーは、私たちのマーケットにも顔を出してくれ、「あの辺りの不動産、動き出していますね」など、嬉しい報告もしてくれます。まちの発展を共に喜べるプロジェクトパートナーと一緒に歩みたいものです。

テナントが「ここで商売をし続けたい」と思える環境づくり

オガールの主要施設はどれも、公設民設問わず「ここにしか無い」を極め続ける施設です。図書館は、指定管理方式が主流の中、町の直営で、しかも優秀な司書たちを配置しています。主要産業である農業やまちの歴史に関することのみならず、町民のやりたいことを幅広く支援し、人づくり、まちづくりをしています。閉館後の閲覧室でのイベント「夜のとしょかん」で、盛岡のクラフトビールメーカー「ベアレン」の社長でもある著者の講演を、そのビールを飲みながら聴けたのは不思議な感覚でした。産直の野菜や果物が美味しいのは当たり前です。売りは、県内有数の回転寿司チェーンを経営する鮮魚店「清次郎」の海産物です。近隣の畜産・酪農メーカーの精肉や乳製品、地域の生産者の手による加工品やお惣菜、生花も人気です。花巻など広域から車で買いに来られる人も多く、売上や出店者数の規模も大きいので、生産者が自ら値付けをし、売り方を工夫する、切磋琢磨の場となっているのです。日本に野球場は数多くありますが、バレーボール専用の民間体育館などまずありません。体育館は普通公営で、しかも多種目に対応するため、フローリングの床に何色ものコートラインが引かれています。オガールアリーナの床には当然バレーボールのラインしかありません。国際大会でも使用されるタラフレックス社製の弾性シートを採用しており、選手の安全性や競技性を高めています。プレイを録画分析できる設備もあり、バレーボールの練習という用途を追求しているのです。併設のホテルは美味しい朝食が魅力で、平日もビジネス利用がありますが、高校生から全日本代表まで多くの団体に合宿で利用されています。岡崎さんの国際的な営業も実り、東京オリンピックではカナダチームの事前合宿所となりました。心づくしのおもてなしを選手がSNSにアップしたことで話題にもなり、こうした経験を経て、ホテルスタッフはさらに成長するのです。このように、尖ったコンテンツで評判を呼ぶピンホールマーケットとなることは、たゆまぬ営業と堅実な経営とセットです。アリーナは普段は岡崎建設の社会人クラブチーム、アウルズのホームグランドです。幼児からの体づくり、人材育成を目的とした「アウルズ紫波スポーツアカデミー」の拠点でもあります。

紫波町には「オガール地区デザインガイドライン」があります。ガイドラインが目指すアーバンデザインの目標は、美しい街並みという社会的共通資本の形成とその維持です。このガイドラインとオガールのマスタープランは、都市計画、建築、ランドスケープおよび情報デザイン4部門の専門家からなる「デザイン会議」がつくりました。特徴は、都市計画や建築を担当する清水義次さんと松永安光さんに、不動産の管理や運営の実務経験があり、岡崎さん他のメンバーも何よりそれを尊重しているところです。公民連携空間を美しくつくるということだけではなく、それを経営的に保つ。将来を見越した用の美と経済の美です。公共施設と商業施設や分譲マンションなどが上層部と下層部にそれぞれ入っている合築の建築物はよくあります。建てた当初は良いのですが、運命共同体であるが故にどこかの経営が上手くいかなくなった時に他は大きな影響を受け、建て替えも困難でしょう。オガールでは土地の広さも生かし、上下ではなく左右に集積させているため、各々での建て替えが可能です。商業施設が集積する場所では、エアコンの室外機の位置などはもとより、看板やサインといった情報デザインの無秩序化をコントロールすることも重要です。ガイドラインでは看板のサイズは制限されており、使用する色彩もマンセル値の範囲が定められています。広告活動が制限されることで商売がやりにくいのではとも思われますが、それぞれ建築家が違っていてもどこか統一感のある建物群と芝生の広場は、ケバケバしい看板がないがゆえに、サイレントマジョリティに支持されます。

エリアに人は来るのですから、後は純粋にコンテンツの勝負です。デザイン会議はその後も町によって継続され、市民ワークショップも重ねられました。職員や町民のデザイン意識を高め、公民連携事業への理解を進める場ともなっていきました。オガール広場も町民たちの「何をしたいか」をもとにつくられており、コンテンツが先付けされています。デザイン会議は、オガールの秀逸な発明品です。専門性と事業採算性を担保しながらプロジェクトをデザインする手法は、まちづくりだけでなく、他の分野の事業でも機能します。もちろん、目的に沿ったメンバーがキャスティングされ、実事業に落とし込み推進する役割の人がいてこその話です。自治体が発注する場合、ありたい〇〇論、の論議の場で終わってしまわないように注意が必要です。

紫波町の図書館は、エリアで働く人が紹介する本を展示したり、産直に本のポップを置いたりとソフト事業同士にフックをかけるのが得意です。情報交流センターの職員は町内の手づくり作家たちとつながり、定期的なマルシェを企画しています。年に一度夏に開催される「オガール祭り」では、町役場の職員も含めエリアの施設が一体となって期間限定のビアガーデンを盛り上げます。オガールベースのフロントスタッフは、365日、旅人や町民の人生の悲喜こもごもを温かく見守っています。エリア全体の商売が上向くためには、各テナントのスタッフがそれぞれなりに公民連携事業を理解した上で、自分たちにできることを丁寧にやる、それが遠回りのようで近道です。

炉端焼き「真魚板《まないた》」では、はじめて来た客でも気兼ねせず楽しめるような心配りがされていました。地方の居酒屋などに行くと、常連客と店主の内輪盛り上がり的な空気を感じることがあります。それがここでは感じられず、カラッとしていて、かつ親しみやすいのです。紫波町内外における都市と農村の交流拠点として、また公民連携の先行事例として、エリアをはじめて訪れる人は多く、それは皆が望んだことです。誰に対してもフラットで親切な接客風土をつくることは、その人たちに「また来たい」と思ってもらうためにとても重要です。コンテンツの魅力と風景、そして人、これが年間１００万人という集客を生んでいるのです。このように、テナント企業がここで商売をし続けたいと思うような環境を地道につくっていくことが、開発系ＰＰＰエージェントとして一番難しく、最も大切なことなのです。

周辺家賃を牽引する気概を持つ

不動産賃貸業を始めるときにまず聞かれるのは、家賃が「周辺家賃相場」に比べてどうなのか、ということです。そんな金額では誰も入らないとか、これくらいが適当だろうなどと言われます。パーキングなどはある程度そのようなマーケティングから価格を設定したりもしますが、公民連携事業で建設する建物においては、それに釣られてはいけません。テナントと合意した賃料収入で融資の返済期間までの収支計画が回り、返済期間と賃貸借期間が近ければ、基本的に周辺家賃と比べてどうのこうのと言われる筋合いはないのです。まちを再生するためにはこのエリアの開発は周辺家賃に引っ張られるのではなく、逆にそれを牽引する存在とならなければなりません。そのために必要な要素は3つあり、一つは最初にコミットしてくれたところ、次に来てくれたところ、その次と徐々に賃料を上げていくことです。オガールエリアにおける最初の建物は「オガールプラザ」で、これは図書館とキーテナントである産直と一緒に商売をしたいお店を募りました。まだ商業施設としての実績のない建物に入ることを決めてくれたテナントに対しそこまで高い家賃はとれません。プラザ建築時点では周辺家賃相場より低かったかも知れない家賃は、私が関わった4期目の建物であるセンターでは、2割も上がっていました。プラザの入居者は先見の明があった、となりますよね。これは産直に卸されている生産者に関し

図3　オガールセンターにオープンした「The BAKER」

図4　オガールセンター

ても同じです。手数料のパーセントは最初に手を挙げてくれたところが最も低く設定されています。ゼロから盛り上げてきてくれたところと、様子を見て参画してきたところ、それぞれへのリスクに見合ったリターンの設計をきちんとやることです。

大事なことの二つ目は、一度相手と決めた賃料は下げない、上げないということです。テナントで大手企業が入っている場合、何年か入居すると家賃の値下げ交渉をすることが決まりになっているところもあります。そのようなところに対しては、毅然とした態度で臨みます。大家側も、建設費の思いがけない高騰などで、金融機関からテナント賃料をもう少し上げられないかと打診されても、そこは当然耐えなければなりません。

三つ目は、後から建つ事業棟ほど、家賃を高く設定できるよう、まちのコンテンツとそれに伴う集客を積み重ねることです。そもそも、オガールの目の前にあるＪＲ紫波中央駅は、「まちが費用を負担するのでつくらせて下さい」とお願いしてできた請願駅です。その時に約束した、乗降客数を確保するための賑わい創出エリアとして県から払い下げを受けた10ヘクタールもの土地が10年も塩漬けにされ、巨大な雪捨て場となっていたのです。これを公民連携で何とかしようと覚悟を決めた当時の藤原町長と、自治体の経営手法として公民連携を取り入れようとした町職員の高橋堅さん、地元建設業のこれからを考えた岡崎さんが立ち上がったものの、誰も歩いていないようなところに物販や飲食のお店を誘致するほど難しいことはありません。計画したプロジェクトは、そこに県のフットボールセンターを誘致できたところから、加速度をもって動き出したと岡崎さんは言います。スポーツをする、観るという、消費を目的としない集客がまず生まれたことが大きいのです。次の図書館も同様です。眼科、歯科もどちらかといえば必要に駆られて行くところですが、それに処方箋薬局、眼鏡屋、産直、居酒屋、カフェ、とより強く消費を目的とするコンテンツを積み上げていったのです。2期目のベースではコンビニも手を挙げてきました。

対象とするターゲットの順序も重要で、注目すべきは主に子育てファミリーや若者に訴求する店舗群であるオガールセンターとオガール保育園が、エリア最後の事業棟であるということです。子育て世帯に流入してほしいから子育て支援施設をまずつくる、これはどこの自治体でもやっていることです。オガールではそれよりも、手術ができる眼科や仏壇のお花が買える花屋など、高齢者の暮らしに貢献する施設を先に整えました。おかげで、日常の集客の土台ができました。本格的エコタウンである町の戸建て分譲地「オガール・タウン　日詰二十一地区」の住民も増え、保育園に待機児童が出る頃に、満を時して病児保育併設の小児科が開業しました。小児科は募集していた看護師の履歴書郵送先を私たち「株式会社オガール」の事務所にしていました。驚くほどたくさん届いた応募書類は、UターンやIターンして働きたいと望む、全国の紫波町ファンからでした。若い地域おこし協力隊の応募も絶えないようで、皆目を見張る活躍です。移住して働きたい場所であるということは、そこに未来があるということです。

まちづくりに事業として取り組む

町民の悲願だった図書館は、民間発注の建物を町が国の交付金も使って買い取るという画期的な手法で、公共発注よりも低廉な価格で建てることができました。集客の要でもある図書館ですが、運営にかかる人件費や光熱水費は、さすがに町民が負担していくより他ないように思われました。しかしオガールは、その点においても、図書館や芝生広場を含むエリア全体を公共インフラと捉え、一部を民間活用し稼ぎを生み出すことで、その収入を公共サービスに回すという新しい考え方をしています。これが「稼ぐインフラ」と言われる所以です。そう言うとよく誤解されるのですが、オガールの民間施設が図書館を運営している訳ではありません。町民や来訪者がエリア内のお店でサービスを購入すると、その代金の一部が、土地代、固定資産税、法人税などに形を変えて町に入ります。さらに周辺家賃を牽引することで、不動産取引の活発化、周辺路線価の上昇などにより、町全体の税収がアップします。その分で新しく整備した図書館などの公共サービスの支出を賄っているのです。インフラは稼がないものであるという常識を覆し、投資的、経営的目線で、まさに自治体が、まちづくりを「事業」として行っているのです。かつて高度経済成長期に、自治体が道路整備や土地の造成を行い誘致した工業団地や、鉄道会社と自治体がタッグを組み、バス路線なども整備し宅地開発を行ったベッドタウンなどと、発想は近いものです。それをもっと今風に、一般市民のライフスタイルの延長線上で考えます。一番の違いは、公の施設と民の施設、働く、住む、学ぶ、楽しむなどのコンテンツが、面的にも時間帯的にも混ざり合ったまちをつくるという点です。

公民連携エージェントとして関わるまちづくり会社や、エリア内の民間施設を所有するSPC側から見て、公民連携事業は儲からない事業でしょうか。民間事業である限り、いくらパブリックマインドだからといって、赤字でやるはずはありません。むしろ、市も出資している事業として、全国で破綻している三セク事業が多い中、議会や市民も注視しています。しっかりと利益を確保し毎年決算で黒字を出すことが必須です。開発にかかる働きに関するフィーをはじめ、維持管理に必要な適切な経費や役員報酬を支出することは、プロジェクトファイナンスにおいても認められています。苦労と責任の重さに見合った儲けと感じるかどうかは人それぞれでしょうが、誰もやらないことをやって、まちの景色が変わっていく、人々の笑顔が増えていく、素直にやって良かったなと思えるぐらいの事業収入を得ることはできます。

公民連携事業をやろうとするものには、公側も民側も利益追求以上の「動機」があります。そこから生まれた、やりたいという意欲に突き動かされ、やり抜こうという意思で今も進んでいることでしょう。やらされでも、やり逃げでもなく、動機あるものがまちをつくり、不動産オーナーとして20年後のまちを見続けていけるということが重要なのです。

オガールは何もないところに公民連携手法で町民の負担の少ない公共施設をつくりました。同じ手法で、大東市では公共施設をたたみながら豊かな地域をつくろう。そんな決意も新たに、2017年の元旦を我が家は長野県善光寺で迎えました。9ヶ月の研修を終え、大阪に帰る道中でした。多くのことを教えてくれたオガールは、とどまることなく今でもさらにおがって（成長して）います。岡崎さんは決して成功とは言いません。成功と言ったその瞬間に成長が終わってしまうからです。いつまでも追いかける背中として、前を走り続けている公民連携のパイオニアが次に何をやってくれるのか、常に楽しみです。

4

エージェント型PPP手法による市営住宅建て替え事業

もりねき住宅

大東市の都市経営課題

さて、大阪に戻った私は、いよいよ市営住宅を公民連携で建て替える事業に着手しました。大阪府大東市は、大阪市の東に位置し、生駒山系飯盛山のふもとに広がる人口約12万人の都市です。面積は18平方キロメートルで、3分の1が山間部のため、人口密度約1万人／平方キロメートルのコンパクトなまち。１９５６年に1村2町の合併で発足して以来、市町村合併はしていません。大阪の東だから大東市、大阪市の方を常に向いていたことが分かる、特徴のない名前です。残念ながら後からできたお隣の東大阪市の方が有名で、よく間違われます。歴史的に見ると、平安時代、京都から高野山への参詣道である東高野街道沿いに集落が発展し、四條畷の戦いや、三好長慶の飯盛城築城など、戦乱の舞台にもなりました。縄文時代に生駒山のふもとまで入り込んでいた河内湾は、枕草子が「勿入渕《なりいりそのふち》」と呼んだ大きな池となり、その後深野池と新開池の二つの池に範囲が確定され、大小の川と共に水運のまちの象徴でもありました。深野池に浮かぶ島には飯盛城の支城である三箇城《さんがじょう》があり、城主の三箇殿が自らキリシタンとなりこの地に教会を建設した様子が、宣教師ルイス・フロイスによってヨーロッパにまで伝えられていました。飯盛城は山城で、城郭は残っていないものの、山頂からは府内が一望でき、今でも城の石垣の一部を見ることができます。襲ってきた敵を足止めする堀切と呼ばれる深い切り込みや、そこにかかる細い土橋の上を歩くこともできます。長慶公も、大阪平野に沈む夕日を眺めながら天下統一の美酒に酔ったのでしょうか。三箇城は、今は跡形もありませんが、大きな池にポコポコと浮かんだように見える島、その上に建つ城や教会はどんな姿だったのだろうかと、浪漫が駆り立てられます。当時の河川は今でいうところの高速道路です。インターチェンジであったこの地域には本願寺派の寺など各地からもたらされた様々な文化が花開き、東海林太郎の野崎小唄で知られる「野崎まいり」などの行楽地としても栄えました。

作家の中野順哉氏によると、大東市の個性が薄れたターニングポイントでもあるらしい、江戸時代中期の１７０４年、大和川の付け替えにより大規模な新田開発が行われました。稲作の他、木綿や菜種の栽培で天下の台所を支えた農地は、その後大阪城の東側にあった大阪砲兵工廠《ほうへいこうしょう》で働く人たちの宅地や戦後その技術者たちが立ち上げた工場へと姿を変えました。奈良と大阪を結ぶ交通の要衝として、倉庫・物流業も発展しました。その時々の需要に合わせ商売変えをして生き抜いてきたことが、結果イメージの湧きにくいまちへとつながっていったようです。大阪の中心地まで電車で20分というアクセスの良さと手頃な家賃価格帯で、１９９０年代までは爆発的に人口が増えましたが、近年は大阪市や府内北摂地域への人口流出が続いていました。

このまちの特徴的な風景に護岸があります。最も目を引くのは市中心部にあるＪＲ住道駅前で合流する寝屋川、恩智川の高さ6メートルを超えるカミソリ護岸です。この土地は、大阪湾から20キロメートル以上離れているにも関わらず海抜がとても低く、河川は度々氾濫しています。１９７２年には大水害が起き、住民から河川管理者に対し「大東水害訴訟」がおこされました。長年にわたる裁判の結果、84年に最高裁が原告敗訴の判決を下し、それは後の全国の水害訴訟の一般的な判断基準となりました。市域を流れる川の護岸はこれでもかという高さに整備され、まちは分断されました。護岸によって川が氾濫することはなくなりましたが、天井川であるため、大雨の度に雨水のポンプアップによる排水が追いつかず、道路が川のようになってしまうエリアがありました。下水

図１　恩智川のカミソリ護岸と可動橋

道増補幹線や地下河川が整備される平成の終わり頃まで、大雨警報が出ると市職員が各戸に土のうを運んでいました。図1の住道新橋は、油圧シリンダーで上下する全国でも珍しい可動橋で、河川増水時には今でも市職員が上げに走ります。水との戦いは、行政が住民に対し気を遣い、住民もまた行政に依存するという風土を生みました。

市域を見渡すと、旧村の家屋敷を除いては狭小な建て売り住宅が多く、道路も狭く、歩道もあまり整備されていません。主たる産業である工場や倉庫の事業者と工場跡地に開発された住宅住民との間に軋轢が起きないよう「住工調和条例」がつくられるなど、工場との共存共栄に苦慮してきたまちでもあります。これらは工場等制限法（２００２年に廃止）により、大阪市内に大きな工場や大学が建設出来なかったため、高度経済成長期、近隣市にそのしわ寄せが来た結果の一つでもあります。野球部の甲子園での活躍や吹奏楽部などが有名な大阪桐蔭高校、大阪産業大学などのマンモス校に通う生徒や教員の数を含めると昼夜間人口比率が１００％というのもその遺産です。上手くすればまちづくりに活かせることですが、当時の市職員にその余裕はありませんでした。工場で働く人たちの住宅開発が一気に進んだことで人口が急増し、小中学校などのインフラ整備に追われ、都市政策にまで手が回らなかったのです。府内で人気のある北摂地域の自治体の街区がゆったりとしているのは、比較的都心から距離があったため、人口の増えるスピードがそこまではなかったからです。都心に近すぎた郊外のまち大東市は、公共施設の建設、治水工事や下水道整備工事が財政を圧迫したこともあり、気が付けばまちづくりの分野では一周遅れの、選ばれないまちとなってしまいました。

江戸時代から続き野崎観音慈眼寺で今も毎年5月に行われる「野崎まいり」では、船で向かう参拝客と堤を歩く人の間でお互いを罵り合う「振り売りけんか」で勝ち負けを競う文化がありました。勝った方は縁起の良い一年になるとされ、唯一のルールは途中でキレないこと。川の上と土手の上、どちらからともなく仕掛ける口喧嘩、後腐れもないのどかなものです。今はもう船で参拝することはできませんが、この辺りの人たちには、お客さん好きでおせっかい、人が楽しんでいるところを見るのが好きなＤＮＡが受け継がれているような気がします。会話の中で少し話を盛ってでも、身近な人を喜ばせようとする人が多く、出身の有名人はほぼお笑い芸人です。目の前のことで稼ぎ、楽しむことが上手な本来の土地柄を活かそう。行政依存から脱却し、「自分でつくったまちに住む」を合言葉に、「公民連携」を行政経営の切り札としよう。そこから大東市は今では全国初の「公民連携に関する条例」を持つまでの市になりました。

始まりは、地方創生が叫ばれた２０１４年。大阪ガスのセミナーでまちづくりの専門家として知られる木下斉さんの講演を聞いた東坂浩一市長は、共に講演を聞いていた市職員の東克宏さんに、大東市でも公民連携事業をやるようにと指示しました。木下さんの話に出ていた廃校利活用施設「３３３１アーツ千代田」と、町有地に民間が図書館などを整備した「オガール」

のような取り組みを両方とも実践したいと言うのです。その日から東さんによる公民連携事業の研究が始まりました。入庁以来、企画・財政畑を一筋に歩んできた東さんにとって、「国の補助金を貰わない」事業など考えられないものでした。しかし学べば学ぶほど、大都市の真似をしても一生追いつけない、金も知名度も人気もない「モテない君」である我がまちこそが向かうべき方向だと思えてきたのでした。市は、まち・ひと・しごと創生総合戦略に、二つの政策の視点として、「大阪市にはないもので大東が既に有しているものを磨くこと」と、まちづくり会社の設立を見据えて「市民や民間を主役に据えること」を掲げ、戦略を推進する部署として、市長副市長直轄の「地方創生局」という部署を設置しました。今の公民連携推進室の前身で、単なる旗振り役ではなく、複数の課にまたがるような公民連携のリードプロジェクトを実行していく部署です。これまで誰も見たことのない景色を見に行こう、そんなチームが始動しました。

ＰＰＰとＰＦＩ

大東市が市営住宅の建て替えに採用したエージェント型ＰＰＰ手法の前に、ＰＰＰ（Public Private Partnership）といつも／（スラッシュ）で並べられるＰＦＩ（Private Finance Initiative）

の現状について簡単に触れておきます。

ＰＦＩとは、１９９９年に制定された「民間資金等の活用による公共施設等の整備等の促進に関する法律（ＰＦＩ法）」に基づいて行う公共施設の整備方法の一つです。事業資金はＳＰＣ（Special Purpose Company）と呼ばれる特定目的会社である、設計事務所、建設業者、建物管理業者、運営事業者などで組成されるコンソーシアムが調達します。公的主体が毎年度対価を支払うサービス購入型、施設の使用料などで資金を回収する独立採算型、それらの混合型があり、ＢＴ・ＢＴＯ・ＢＯＴ（Build Transfer Operate の頭文字の組み合わせ）のように、所有権移転のタイミング等によっても型が分けられています。コンセッション方式（公共施設等運営権制度）は２０１１年のＰＦＩ法の改正により新たに導入され、公的主体が施設の所有権を持ったまま、民間が運営権を持つものです。民間は公的主体に対し、運営権の対価を毎年度支払います。２０１７年に都市公園法の改正によって出来た公募設置管理制度、いわゆる「Park-PFI」も急増しています。飲食店や売店など、公園利用者の利便施設の設置と、その施設から生ずる収益を活用して周辺の園路、広場等の整備、改修等を一体的に行う者を公募により選定するものです。整備費の一部を公園管理者が負担することもあります。これらに、地方自治法に基づく指定管理者制度、包括的民間委託を足してＰＰＰという図式が一般的です。

大阪府はＰＦＩによる府営住宅の建替えを数多く行っていますが、全てサービス購入型ＢＴ

方式です。オペレーション部分は切り離し、他の団地と合わせて数千戸単位のマスにすることで、指定管理者制度を導入しています。庁舎整備はＢＴＯ方式が多く、コンセッション方式と言えば関西国際空港・大阪国際空港ですが、重要伝統的建造物群保存地区の町家4棟を小規模コンセッション方式で観光ホテルにした津山市の事例もあります。大阪城公園の「Jo-TERRACE」、天王寺公園エントランスエリアの「てんしば」、梅田駅北側の「うめきた」の開発など、大阪には型にはまりきらない様々なＰＰＰ／ＰＦＩ事例があります。昔から「民都」と呼ばれ、まちづくりに対し民間資金を活用するのにてらいがない風土が影響しているのかも知れません。２０２０年にオープンした「タグボート大正」など河川を活用したものも新鮮でした。これら大小の事業はそれぞれ今までにはない風景をつくっており、多くのヒントをもらいました。ＰＦＩは、仕様書の内容を決めるのはあくまで公で、サービス購入型は特に民間資金を活用した「公共事業」です。それを理解した上で、行政がしっかりと主導権を握り、民間の力を上手く引き出せれば、直営や従来型の三セク事業に出資するより良いものをつくれる可能性が十分にあります。

大東市の公民連携事業は「大東市公民連携事業指針」にあるとおりＰＦＩでも実施可能です。今後優秀なPark-PFIなどは出てくるかも知れませんが、公共施設の建設にＰＦＩ手法を使って先の公民連携事業アイウエオ（22頁参照）を満たすことは基本難しいと考えています。なぜなら「現状」において地域経営課題が多く、人気のないエリアでは、ＶＦＭ（Value For Money）と呼ばれる事業コストの下げ幅は少なく、商業施設の誘致を図ろうとしても無理が出てくるからです。ＰＦＩで公的負担を軽減しつつ、複数の地域課題を解決することの両立は難しいのです。

今回建て替えた市営飯盛園第2住宅（144戸）についてもＰＦＩ導入を検討してみた結果、ＰＦＩで建て替えることは可能、ただしサービス購入額をかなり積む必要がありました。大阪市内のように余剰地が高く売却出来るところであれば、セットでお得に建て替えられるところもあるでしょうが、当地はまず無理でした。余剰地への商業施設の出店も軒並み断られ、誘致出来てサービス付き高齢者向け住宅などの福祉施設、近隣住民の人たちも喜ぶ建て替えは叶いそうにありませんでした。全て「現状」を見て判断されるので、当然と言えば当然のことです。最も希望していたのは、将来の需要によっては公営住宅から民間賃貸住宅に振り替えてもらえるようなＰＦＩで、ＢＯＯ（Build Own Operate）と呼ばれる民間事業者にとって最もリスクの高い方式でした。大東市は大阪府営住宅約3100戸の順次移管を受けており、既存の市営住宅850戸と合わせて約4000戸もの市営住宅を持つことになります。将来余ってくることも考え、駅に近いこの住宅に望みをかけましたが、コンサルティング会社には一蹴されました。所有権を公的主体にトランスファーしないＰＦＩというものは教科書には書いてあるものの、実際には存在しないのでした。コンソーシアムメンバーは基本大手企業であり建設や管理事業にうまみを感じての参戦です。地元建設業者などが入っている場合もありますが、そことて建物を所有し続ける義理はないでしょう。これではまるで、公共工事の割賦販売です。DB(Design Build)と呼ばれる直営の設計・施工一括発注方式の方が金利を払わなくて済む分マシなのではないか…。落胆しましたが、かえって自分たちでやるしかないと腹をくくれました。調査結果は後に議会などへの説明にも役立ちました。結局、エリア価値の低い土地において、現状ではなく「未来」を見て投資することができるのは、行政とそれに近い立場にあって、覚悟を持った「ネオ三セク」の民間事業者だけなのです。ただしその事業には、専門家の関わりと、金融機関のチェックが不可欠です。

今回建設した「もりねき住宅」は三セク所有の民間賃貸住宅であり、市への所有権の移転は永続的に行いません。SPCの社長は地域住民であり、まさに地域住宅です。建設当初は市が公営住宅として借り上げますが、需要の状況を見て民間賃貸へ振り替えてゆく。その時に選ばれない住宅であっては民間賃貸の部屋が埋まりません。住宅の価値=地域の価値であるから、民間事業者としては必然的にそのエリアの価値を上げる努力をします。魅力的な商業施設や地域の人が憩える場所を併設するのは、仕様書に書いてあるからではなく、民間事業として自然な流れなのです。

大東市は紫波町の手順を忠実にトレースしていきました。庁内横断組織をつくった翌年の２０１６年には私をオガールに派遣すると同時に「デザイン会議」の開催と「公民連携基本計画」の作成に着手しました。何事も守・破・離、まずは徹底的に守ります。

デザイン会議の大きな目的は、市営住宅の敷地だけでなく包含する北条エリア全体に新しい風を吹かせ、かつ経済合理性も併せ持つランドスケープの「マスタープラン」の絵を描くことでした。公民連携事業機構の清水義次さん、岡崎正信さん、木下斉さん、「ホシノタニ団地」などを手掛けられた建築設計事務所ブルースタジオの大島芳彦さん、元国土交通省の佐々木晶二さんをメンバーに迎え、２〜３ヶ月に一度の会議が行われ

図２　北条の樹

ました。大島さんの見立てで、鎌池というかつてこの地の農業を支えてきたため池と権現川の水を吸って育つ、教照寺へと蛇行する道を木の幹に例えた「北条の樹」というエリア全体の構想が生まれました（図2）。まちの成長に伴い、幹に沿って様々な枝（道路）が伸び、実（施設や公園など）がみのる、ワクワクする未来だけを描いた「決めない都市計画」です。第1期となる市営住宅の敷地については、建て替え後の戸数、公園や駐車場の位置などが徹底的に議論され、背後の山並みにマッチし、地域に開かれたとても美しいプランができました。敷地主義ではないことが、PFIとの大きな違いであり、真にサスティナブルな公営住宅の絶対条件です。

大東公民連携まちづくり事業株式会社（コーミン）の設立

10月、コーミンを市の100％出資で設立しました。年末には地元まちづくり委員会に対しプランを説明し了承を得て、委員会は発展的解散をしました。デザイン会議の後半の様子は、偶然にも年明けにNHKの番組「プロフェッショナル仕事の流儀」で大島さんの仕事として放映されました。これがテナント企業である株式会社ノースオブジェクト（以下「ノースオブジェクト」）と出会うきっかけになるとはこの時は思いもよりませんでした。職員の手による公民連携基本計画もできました。「自分でつくったまちに住む」、この開発理念を体現する4つのリードプロジェクトを記載しました。四条畷駅の北条まちづくりに、野崎駅の廃校施設利活用、住道駅前道路空間活用、健康まちづくりという市域全体にかかるソフト事業も加えました。市の組織や職員を動かすためには何より行政計画です。単体の事業とするのではなく、面倒でもきちんと計画に位置付けることの効果は後々出てきます。何のためにやるのか、チーム全員がいつでも立ち返れるだけでなく、例え担当者が変わっても書いてあることはやらねばなりません。駅前活性化のKPIが「駅前デッキでプロポーズした人の数5人」というような行政計画は初めて見たという声を聞きますが、来場者数などは成果指標にならない、エリア価値の向上を数値化したい、という意志は伝わるようです。コンサル任せにしない計画づくりは良いことずくめです。

公民連携基本計画ができたことを見届け、2017年4月、私はコーミンに退職派遣されました。退職派遣とは、公益的法人等への一般職の地方公務員の派遣等に関する法律に基づくものです。3年を上限に、退職金は貰わず、共済年金は掛け続けながら、健康保険証は返納し、市からの給料は出ず、身分は民間人となる制度です。市は規則を改正し、コーミンを公益的法人等に位置付けしました。この時はまだ公務員に戻れる往復切符と、デザイン会議の成果品であるパース図を持ち、PPPエージェントとしての最初の仕事であるテナント営業を始めました。コーミン創業時の取締役には、大東市で長年フリーペーパー『ＤＡＩＴＯ ＴＩＭＥ』を発行されてきた中村崇明さんに就いていただきました。中村さんの事務所をコワーキングスペースに改修し、そこを拠点として北条まちづくりプロジェクトの説明をさせてもらうことになりました。『ＤＡＩＴＯ ＴＩＭＥ』のこれまでのつながりで、様々な業種の方と知り合うことができましたが、皆さん大東市内業者だけに、計画エリアの現状もよく知っており、そこで新規の事業をするイメージは湧かないようでした。

これといった手応えもなく数ヶ月が過ぎ、市外にも営業の範囲を広げていかなければならないと考えていた矢先です。大阪市内の企業から、「子育てファミリーを応援する施設をつくりたいが、プロフェッショナル仕事の流儀の放映に出ていたパース図の場所は可能か」という電話がかかってきました。飲食部門の責任者をされているというその男性に、中村さんと共に四ツ橋や淀屋橋にある店舗を案内していただいたのが、ノースオブジェクトとの出会いでした。その後すぐ、その方も中村さんも会社を去られ、夏の幻のような一日でしたが、その日があったからこそ今があります。１年後の２０１８年８月、市民会館キラリエホールでノースオブジェクトの南大助社長や市長と一緒にプロジェクトの記者発表を兼ねたキックオフトークイベントを行いました。その席で市長は事業の目鼻も立ったのでそろそろ代表取締役を私にという話もされました。この間に地元企業２社からも出資をいただき、コーミンは市の１００％出資ではなくなっていました。資本金８００万円のうち市の出資は６００万円、75％です。いつまでも市長に社長をお願いする訳にもいきません。私も、地元メンバーたちの覚悟を思い、１年半を残して戻りの切符を破り、代表取締役就任と同時に完全民間人となって、次なる設計・建設のステップを進めていきました。

図３は、今回のエージェント型ＰＰＰ手法で実施した市営住宅建て替えのスキーム図です。図の中央上部がコーミンで、ＰＰＰエージェントの役回り。大東市が公民連携基本計画に掲げる「ココロもカラダも幸せに暮らせる住宅地」のビジョンや、デザイン会議でつくられた「北条まちづくり基本計画案」に基づき、テナントリーシングやファイナンス協議を行い、事業を推進しました。設計事務所や建設会社の選定や

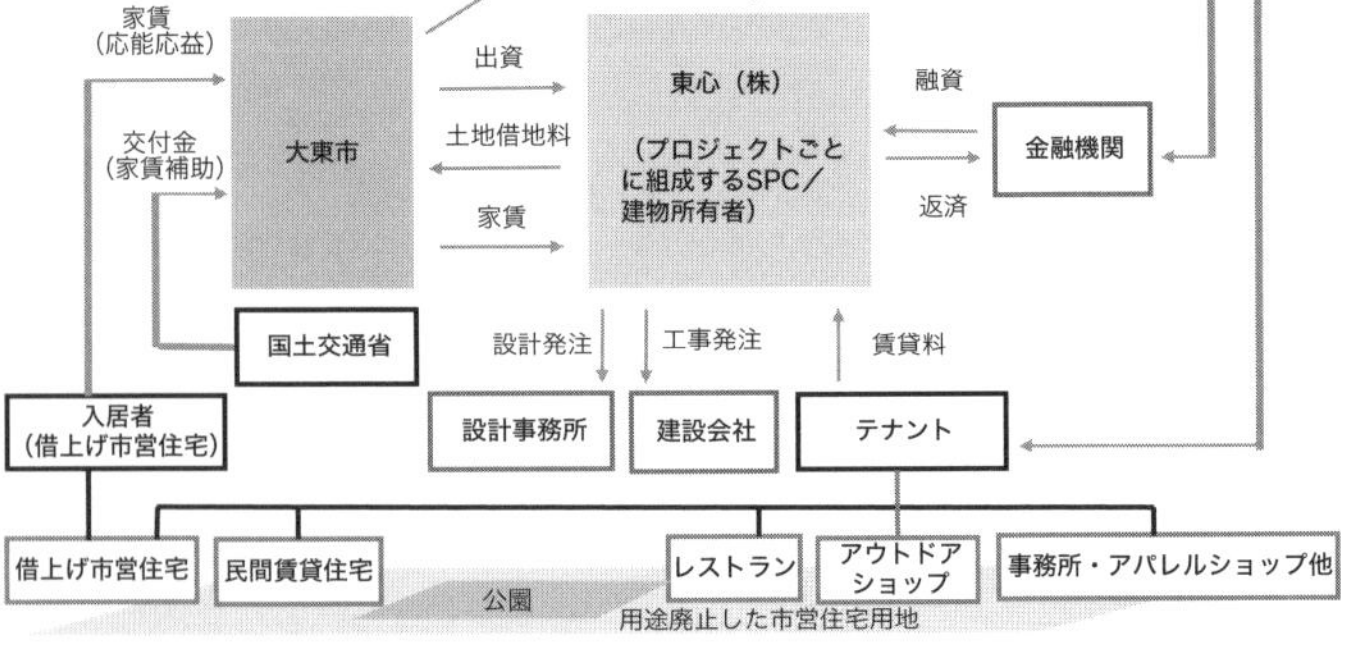

図３　事業スキーム図

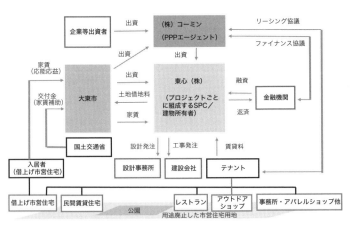

コストコントロールも、コーミンと市が共同出資するSPC、株式会社東心（以下「東心」）と一緒に行いました。現在は東心から委託を受け、管理運営の役割も担っています。東心は建物を所有し、市に対し固定資産税も納めています。東心の代表取締役である元北条まちづくり委員会の委員長鈴木竜次さんは、地域にある別の市営住宅にお住まいの地域住民です。底地は市の所有のままで、50年の定期借地契約を結び、土地代を払っています。テナントの賃料はリーシング時に約束した額が東心に直接入ってきますが、市営住宅の入居者の家賃の入り方は独特です。借り上げ市営住宅の家賃の額は、国土交通省の定める計算式によって導き出された「近傍同種家賃」の額です。今回、住宅の仕様は市営住宅の整備基準に合わせていますが、準耐火建築物ではない木造で、エレベーターや集会所もないなど、思い切った部分もあります。工事費や利便性の係数等を勘案した基本となる家賃があり、入居者はそれぞれの所得による応能応益分を市に払い、差額の45％分が国の家賃低廉化補助金、残り55％が市の負担です。高層のRC造住宅に建て替わった場合、基本の家賃が従来よりもかなり上がってしまい、入居者の負担が大きくなってしまうという点も、今回は抑えられています。

建設費に公的な補助金は使っておらず、全て市中のお金で建設しました。借り上げの市営住宅の場合も、共用部整備費は国の45％補助の対象ですが、そもそも木造低層のため共用部にかかる整備費が少なく、申請や会計検査の手間を考え採用しませんでした。設計費や外構の整備費なども含めた初期投資額約16億3千万円（公園や道路の整備は市が行ったのでこれには含まない）は、市の出資6億円に加えて枚方信用金庫から10億3千万円を「プロジェクトファイナンス」で調達しました。ノンリコースとも呼ばれる、テナント賃料収入の確かさだけで判断された、無担保で、会社・個人・市の補償がついていない融資です。なぜ、東心が必要だったのかとよく問われますが、それはこの融資の受け方と関係しています。コーミンは他にもさまざまな事業を行っているので、このプロジェクトの遂行しか定款に書いておらず、単独で決算する特定目的の会社が必要でした。東心の通帳は融資の返済が終わるまで銀行に預けられていて、その間は社長でさえ勝手にお金を引き出すことはできません。東心と枚方信用金庫は市営住宅家賃についての債権譲渡担保設定契約を結んでいて、これが実質担保に変わるものです。この安定収入があるからこそ、商業施設部分も含めた融資がついたとも言えます。かかった建設費の割合は、住宅対商業施設で約7対3でした。市の出資のうち2億円は優先株、4億円は買取請求権付きの優先株です。4億円分は銀行融資の返済期間が終わった後に市に返す（買い取る）予定です。テナントとは10年以上の定期借家契約を結んでいます。市とコーミンはエージェント契約のようなものを結んでいるのかというと特に結んでいません。大東市が公表しているコーミンを今回のPPP事業の事業者とした経過は次のとおりです。

公民連携に法的根拠を

２０１６年10月、大東市は、財政負担を最小限に抑えながら、公共施設整備と民間施設等の立地による経済開発を複合的に進めていくため、行政と民間をつなぐエージェントの役割を担う事業体コーミンを、市が出資金を全額支出して設立させました。その後、大東市はコーミンと共に、北条まちづくりプロジェクトの事業企画を進めました。２０１８年5月、大東市は、「大東市営飯盛園第二住宅建替等事業実施方針　大東市北条まちづくりプロジェクト」を策定し、事業予定者を、市出資法人であり市と共同で事業企画を

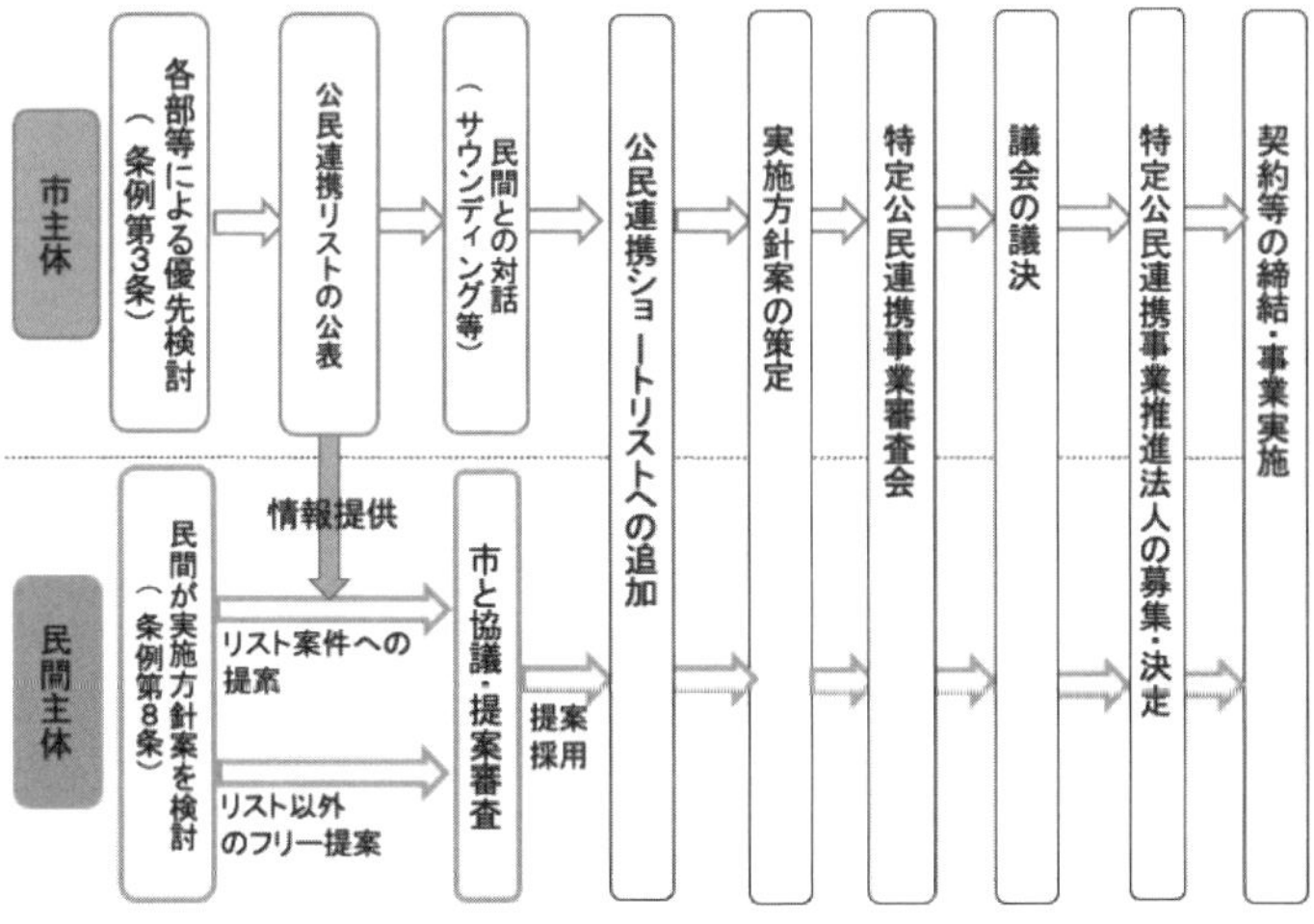

図4　事業実施までのイメージ

進めてきたコーミンと定めました。また、事業予定者は、特定目的会社（ＳＰＣ）を設立し、①市が所有権を有する事業場所を、定期借地権を設定し賃借できること、②事業予定者が企画した施設の建設・運営を実施できることも定めました。２０１８年7月、大東市はコーミンから事業計画（事業内容、事業スキーム、収支計画）の提案を受け、大東市とコーミンと東心との間で定期借地権設定契約締結に向けた基本協定を締結しました。

このように一連の流れで事業者となっており、地方自治法施行令第１６７条の2の随意契約のように、一度の決裁で事業者を決めたものではありません。従来の公募プロポーザルと違い、エージェント会社を入れたことによって優れたテナント企業への営業力が格段に高まり、市の公募には応募してくれないような設計事務所へも東心から随意契約をすることができました。とはいえ、やはり入札制度の抜け穴ではないか、一民間企業でもあるまちづくり会社に偏重しているのではないかという声も上がるため、法的根拠として、２０１８年4月に民間提案制度を規定した「大東市公民連携に関する条例」ができました。今回のプロジェクトは市が主体となり発案したので、本来図4の上の流れに乗るものです。条例策定後には、民間が提案した児童センター跡地活用事業が図4の下の流れで実現するなど、かなり使える条例です。入口では当然、公民連携事業アイウエオ（22頁参照）に合致しているかどうかが審査されます。計画や条例づくりは行政内部の「組織の壁」や「制度の壁」を越えるとても有効な手段です。次に、ハコモノ系公民連携事業においてエージェント側が主に越えなければならぬ「事業の壁」である、テナントリーシング、工事費、金融融資の３つの壁について、今回のプロジェクトを例に一緒に考えていきたいと思います。

テナントリーシングの壁

デザイン会議の後半、キーコンテンツとして出てきたのが温浴施設でした。イメージパース図にも芝生広場に面して広い縁側を持つその施設が描かれています。メンバーの頭には香川県高松市に２００５年にオープンした「仏生山温泉」がありました。建築設計事務所みかんぐみの元メンバー、岡昇平さんが家業の温泉を運営されているものです。建築の力が感じられる空間や、カフェの併設、フリースペースとしても活用される木床の温かみのあるロビーは、かけ流し温泉本来の魅力に新しい可能性を加えていました。もりねきでも、湯上がりに夕涼みをする人と公園で遊ぶ子どもとの交流を夢見て、営業は温浴施設の事業者を探すところから始めました。まずは近隣のスーパー銭湯を経営されている方に聞いたところ、６００平米程度の床面積では採算が取れないと断言されました。スーパー銭湯は、さまざまなお湯で飽きさせないようにし、館内の飲食店で割高な食事を食べてもらい、トータルで儲けを出す事業スキームだそうです。水道水か温泉かは客の入りにはあまり関係がなく、それでも多額のお金をかけてまで温泉を掘るのは、水道水を買い続けるよりは安いからとのことでした。スーパー銭湯は私たちが目指しているものではないとしても、水を買うのが大変だということは分かりました。水道局に聞くと、湯屋用の上下水道使用料金区分はあるが、いわゆる公衆浴場組合に属していて、入浴料金の統制などを受ける銭湯のみが対象とのことです。これもなり手の問題や、付加価値をつけてマーケットをつくろうという方向性とは合わないものでした。

一番揺れたのは、市が老人センターの風呂機能をここに移転し、対象者の入浴料は補助するから直営で運営しないか、という話が来た時です。ハイカーや一般客からは好きな料金を取ってよしとのことで、これも公民連携の一つかと迷いましたが、地元メンバーと話し合って断りました。直営の場合人を雇用しなければならず、もし上手く行かなかった場合も、他の機能に転用が利かない施設であることが決定打でした。そうでなくとも銀行との協議が進んでいる頃であれば、間違いなく通らなかった事業でしょう。早々に温浴施設に見切りをつけ、飲食、物販、オフィスの誘致へと切り替えました。最後の方に、中堅のスーパーから話が持ちかけられたこともありました。かなり広い面積が必要で設計も変える必要がありましたが、計画には紫波マルシェのような生鮮三品が揃う産直があったので、未練があり少し欲が出ました。チェーン店ながらここは高級路線店でいきたいという話をうのみにしかけた私を、これも地元メンバーが止めてくれました。そのうちに既存店舗と同じように、特売日には店前にトイレットペーパーが山積みになったカゴ台車が置かれ、マナーの悪い自転車が溢れる様子が、地元の方には容易に想像できたのでしょう。公民連携事業の、特に最初のプロジェクトでは、わざわざここまで来る価値があるコンテンツにはこだわりつつも、当初の計画に縛られすぎず、建物自体も特定の用途に限定されないものにしておくべきです。

ノースオブジェクトの南大助社長にはじめてお会いした日、私はその年の春に倉敷で買った、胸に切符用の小さなポケットがついたデニムの半袖シャツを着ていました。南社長は会うなり私の胸ポケットを指し、「それ可愛いね、ちょっと立って後ろも見せてくれる?」と言われました。いきなりのファッションチェックに緊張しましたが、今でもメインブランド「ケイット」のMD(マーチャンダイザー)を兼任されているだけあり、服づくりが大好きなことが伝わってきました。ケイットでは、日々を工夫し自分らしくいることを大切にする北欧の考え方をヒントに四季折々の衣食住にわたるライフスタイルを提案しています。ペルソナである「ゆみこさん」(37歳)は北欧の暮らしや手づくりが大好きで、旦那さんと7歳の女の子と4歳の男の子との4人家族の設定。そんなゆみこさんにこの先数ヶ月どんなライフイベントがあり、テーマは何か、具体的な生活シーンをマップとしてつくり、ブランドデザイナーとMDで共有してから、そのシーズンの服がデザインされます。テーマがコーヒーならそれが雑貨の買い付けからワークショップの内容、レストランのパティシエが出すデザートプレートにまでおよびます。

南社長が服のデザイナーに30点、40点の服をつくるよう指示することがある理由を聞いた時も感嘆しました。点数が低過ぎないかと思いきや、入りたてのデザイナーは尖って100点以上のものをつくろうとする。でも実際に着るのは子育てママで、出産で体型も変わっており、デザイン性が高すぎるものや子どもの世話で忙しいため洗濯の難しい素材も敬遠される。40点と言うとバランスの良い70点くらいのものができてくるとのことでした。色使い一つとっても日本に住むゆみこさんが思う北欧のイメージを大事にされています。雑貨を買うように服を買ってほしい。これはもりねきの店舗づくりにも現れています。服はテーマを合わせた雑貨と一体となってディスプレイされ、

図5　株式会社ノースオブジェクト本社オフィス

その商品の値付けも絶妙です。セールではないチュニックを手に取り、1万円くらいかな、それだったら買おうかなと思って値札を見たら7900円だった時のような感覚を「値ごろ感」と言います。2万円ならばそっと棚に戻し、4500円でも逆に素材が悪いのかな、などと思って買うのをやめてしまいます。自分の値付けした金額より少し安い額を提示されると人は値ごろ感を感じ、最も気持ち良く買い物ができると言われています。買って帰ったレーズンパンを食べようと切ると、レーズンがこれでもかというほどたくさん入っています。買う前も買う時も、特に買った後に「なるほど」が多く感じられる商品のことをノースオブジェクトでは「リーズナブル」と表現し、ものづくりにおいて大切にされています。

南社長には、北欧のように山に近く、ママたちの生活にも近い場所で、ゆったりした公園と一緒に衣食住の店舗が整備できるところはここしかないことをアピールしました。四ツ橋のビルの4階に居てはユーザーに届きにくい、商品に込めた素晴らしい想いや会社の理念を体現できる本社移転ができることをお伝えしました。大東市の東克宏さんにも同行してもらい、公務員にも色んな人が居ることや、市の本気度も感じてもらいました。半年後の2018年1月、本社を中心に40人ほどの社員に現地まで来ていただき、説明会を行いました。東さんと私からはこのプロジェクトにかける想いを、コーミンにアドバイザーで入っていただいていた都市デザイン事務所ハートビートプランの泉英明さんからは、「北浜テラス」などさまざまな公民連携事業でまちが変わる様子をプレゼンしてもらいました。若い女性社員たちが、古い市営住宅が立ち並ぶエリアに少なからず驚いている様子を見て、ああこれで終わってしまうかも知れないなと思いながらも、全力を出し切るしかありません。もしこれ以上のご縁がなかったとしても、私自身子育てママとして十分応援されたし、これからもノースオブジェクトの服のファンであり続けますと締めくくりました。結果的に移転に反対する社員はほぼおらず、南社長からは賃料も含めゴーサインが出ました。大東市近辺に家族で引っ越しされた社員もおり、工房や食堂で働く20人程のパート社員も新しく採用されました。地域に雇用も生まれたのです。

トレイルランニング・アウトドアの専門店、株式会社ソトアソの菊川光徳社長には、友人の紹介でお会いしました。オガールではアウトドアショップノッティのご夫婦が、近くの山のルートづくりや、雪板づくりをされていたのが自然体でとても素敵でした。もりねきにもぜひそんなアウトドアショップに入ってほしいと思っていました。また隣の交野《かたの》市、京阪電車私市《きさいち》駅にあるショップは、知る人ぞ知るトレイルランニングショップです。そのショップともりねきは山で繋がっており、こちらはＪＲ沿線です。両店舗をスタートとゴールにしたイベントを開催しても良いし、片方の店舗で試し履きのシューズを借りて2時間ほど走り、もう片方の店舗で購入することもできます。簡単な提案図面もお持ちし、ロッカーやシャワー室も完備するのでランニングステーションとしても利用してくださいと話しました。交野市でも行政や観光協会と一緒に仕事をされていた菊川社長は理解も早く、「とてもスムーズな話ですね」と出店を決めてくれました。もりねきに2店舗目をオープンされて2年目の今年は、物販のショップという枠を飛び出し、今まで以上にアクティビティを重視して、北条全体をジム化する計画を進めておられるので、全力で応援したいと思います。

企業の誘致は、まずは決断できるトップと話せること、そして互いの事業に共感できることからです。次に金銭的条件の合意です。この地の、このプロジェクトで賃料を平米あたりいくら払えるか、業態は何で何平米要るかを聞き、賃料に応じて建物の仕様が松竹梅と変わる旨も了解してもらいます。最低家賃は設定しますが、建設費は全国どこでもそこまで変わらない中、ここで圧倒的に有利なのは土地代の安さです。今現在支払っている都心の家賃と比べ同じかそれ以下で、これだけ広く自然豊かな環境で仕事もしくは商売ができますよ、というところが最大のセールスポイントになります。アクセスや足元商圏の世帯数などによって難易度に差はあるものの、公民連携事業が成り立ちやすいのが郊外なのはそれ故です。商業施設の工事には、内装工事であるC工事（テナントが行う）、テナント都合だが躯体に関わる配管などのB工事（テナントが大家に発注して行う）、躯体や共用部、オフィスの空調などのA工事（大家が行う）があります。テナント先付けなので、御社が行うC工事の設計・施工業者とやり取りしながらA工事やB工事を行いますよ、というのも先方にとって大きなインセンティブになります。

また、少しでも集客を増やし目標売上に到達するよう、オープン後もイベントやPR、周辺施設の利活用など、大家としてできることは一緒に精一杯やる姿勢を見せることも重要です。

企業の力に一方的にすがるのではなく、対等なパートナーとして、このプロジェクトを通して共に成長できることをイメージしてもらいます。商店街復興のキーテナントとして、一角にある古民家に大手チェーンのカフェに入ってもらいたいが上手くいかないというような場合は、その企業の価値観に響いていないか、商売上どんなメリットをもたらすことができるか、語れていないからでしょう。そもそも誘致の対象が大手企業なのか、ということになってきます。地元で頑張っている、もしくはこれから何かやり始めたい人と公民連携事業の相性は良いです。それは開業後のエリアに与える影響にも関係してきます。まちを元気にするのは「人」なのですが、大手カフェの一店員ではなかなかそうはいきません。〇〇さんという固有名詞でまちに開いているお店であれば、その人のつながりでイベントなどがいつの間にか始まります。一周年のマルシェイベントをやろうとなった時も、ノースオブジェクトの竹中雄一常務や、ソトアソの大塚祐司店長は、近隣の大学やお店に出店の声かけを行い、あっという間に企画をまとめ上げました。日々丁寧につながりをつくってきている証拠です。他の社員たちも今回の移転を経て、行政や地域住民への対応力、イベント企画力などが上がり、側で見ていても格段に成長されました。社のキャリアとしても、企業が行うまちづくり事業として、別のところでもやれそうな程そのノウハウが蓄積されています。

入居に伴うデメリットを払拭する努力も必要です。ノースオブジェクトはアパレルのメーカーで、全国約600店舗への卸売り業が主体です。大阪の繊維産業の集積地である都心から、郊外の大東市に移転するにあたり、営業上の不安はあったそうです。一人のバイヤーが来阪し、一日でA社、B社、C社…と廻るのに、一社だけ離れたところにあっては来社してもらえないのではないか。これは幸いにもコロナによって逆転しました。リモート会議が主流になり、わざわざ来る価値のある会社の方が強くなったのです。ここに来れば、メーカーの世界観が分かる。モデルとなる売り場を一度に見て回ることができ、気に入れば什器やディスプレイごと買うこともできる。何より商談で来て、レストランや気持ちの良い屋外空間で半日過ごせるのです。仕事で初めて来られた方は、家族との休日のお出かけ先リストが増えたと喜んでくれます。企業の郊外への本社移転は、業態問わず今後関係者にとってウィンウィンとなる可能性が高いのではないでしょうか。

工事費の壁

テナント先付け逆算開発が成立するためには、工事費が予定通りに収まらなければなりません。思ったより工事費がかかったのでテナント家賃を上げる、高い家賃でも入れるテナントを探す、では普通の事業になってしまいます。しかし、これが厳しい現状があります。最低家賃を決めてテナント営業するためにも、最初に事業収支計画案をつくります。まずはモデルの構造や規模の建築物で、地元の建設会社等にヒアリングして建設坪単価をはじいてもらい、初期投資額を想定します。それを、出資金と融資金で賄うようにします。融資金は想定家賃年収から土地代や経費を引いた額で、20年程度で返済できる額がマックスです。が、この初期投資額の算定の大元となる、建設坪単価が近年は大きく変動するのです。それも下がることはまずなく、高騰する傾向にあります。企画から実際の建設までは、開発や設計にかかる期間など年単位のタイムラグがあるため、約束した家賃から逆算して開発したはずが、足が出てしまうのです。

もりねきでもこれに苦しみました。意匠設計者は市も含め満場一致で建築設計事務所ブルースタジオの大島芳彦さん、JV（ジョイント・ベンチャー）の石本建築事務所が構造・設備・申請関係、ランドスケープデザイン事務所E－DESIGNの忽那裕樹さんが外構を担当してくれることが決まりました。施工者の選定は、まず大東市の登録業者の中から、市内に本社があり、比較的大きな工事を受けられる建設業者9社に対して説明会を行いました。関心表明をいただいた4社にはその後かなり書き込んだ基本設計図面をお渡しし、概算工事見積書とVE

提案を求めました。施工の他にこのプロジェクトに対して貢献できる提案があればそれも提出可能としました。基本設計段階で選定した施工業者と共に実施設計を進めるＥＣＩ（アーリー・コントラクター・インボルブメント）と呼ばれる手法を試みたのです。この施工者選定は予想外に難航しました。大東市の公共工事の入札では、元請業者は、実施設計図面と金抜き設計書（使用材料と数量が記載されたもの）をもとに、公表された予定価格に対し下請け業者が入れた各工種の金額に経費を乗せて札を入れます。最低制限価格も公表されているので、土木工事などは皆その額を入れ、ほぼ抽選となります。長くこのような公共工事ばかりを受注していると、社としての積算能力は下がります。４社のうち2社からはＶＥ提案も出ていたので、各項目いくら減額できるかを出してもらい効果検証することとしました。しかし、下請け業者も忙しいと見え、なかなか思うようには進みませんでした。概算金額が下がらないまま、並行して進めていた実施設計が仕上がってきました。そのタイミングで、最後まで残っていた1社にも辞退されてしまいました。金額が合わないこと以外の大きな辞退理由として、大規模木造建築物の施工体制の難しさがありました。この地域の中堅ゼネコンの仕事は、通常ＲＣ造かＳ造です。内装大工とはつながりがあっても、構造部をつくる建て方大工とのつながりは少なく、今回のような５０００平米超えの木造工事の施工体制を整えることができなかったのです。２社によるＪＶも検討されましたが、金額がオーバーした状態ではコストコントロールの難しさもあり、断念せざるを得ませんでした。

一般に基本計画、基本設計、実施設計と段階が進むに従い、工事項目や数量が正確になる結果、工事金額が上がる傾向があります。そのために、初期の段階では高めの仕様にしておき、下げていくことで金額を調整するのですが、それでも追いつかない程、外的要因によって市場単価が上昇する場合があります。今回、基本計画でテナントと賃料の合意をした2018年の年明けから実施設計が完了するまでのわずか1年の間でも、大きな出来事がありました。東日本大震災の復興事業に就いた関西の職人が東京オリンピックの建設現場にそのまま流れて帰ってこず、圧倒的な職人不足で、鉄筋・型枠・大工・左官などの下請け見積り価格が言い値となっていました。2018年9月、近畿地方は強風の台風に襲われ、大量の民家の屋根材が空を飛びました。地元密着の工務店としてそれらの対応に追われていることを理由に、辞退されたところもありました。竣工後に起こったウッドショックや給湯器不足のように建材が入らないため価格が高騰したり、工事自体がストップしてしまうこともあります。外的要因は予定工期内に倒産せずに竣工できるかという、金融機関も懸念する完工リスクにも影響します。商業施設の場合は工期延長に伴う営業機会損失が甚大なため、完工できる会社であるかどうかは非常に重要な選定要素になってきます。大東市外の建設業者に見積りを依頼することをいよいよ決めた時は、なぜかスッキリとしました。公民連携事業である限り、域内循環をしなければならないという思いに囚われていたのは、私や東心社長の鈴木さん自身でした。9社に声をかけたのも、公平性を担保する公共工事発注の考え方が抜けきれていなかったからであり、逃げ道をつくったつもりが、逆に自ら袋小路に入ったのでした。最初から覚悟を決め、市内の老舗建設業者と膝を突き合わせてきたらこうはならなかったかも知れませんが、今となってはこれが受発注者双方の当時の実力だったのだと思います。木造建設の大手企業を含めた市外の数社から見積りをいただき、最終的に豊中市の東周建設株式会社に決まりました。外構工事に関しては地元企業である株式会社中井保組と藤建設株式会社に分離発注しました。東周建設が選定された理由は、直近で木造の学生寮の建設実績があり施工体制がとれたことと、岡田善裕社長自ら積算し、ブルースタジオのVE提案にもスピーディーに対応してくれたことです。大手企業とは経費の面でも金額に開きが出ました。

２０１９年春、設計図と工事費を決定しました。年明けに仮移転中の入居者に調査をすると、高齢者施設に入る予定の方や、この間に死亡された方もおられ、戻り入居希望の世帯数が6世帯減ることが分かりました。6戸×3階建ての住棟を1棟2階建てにすることで、総建設戸数を80戸から74戸に削減しました。工事費が出たことで、正式に市が借り上げる近傍同種家賃の計算をしたところ、準耐火建築物でもないことから割と良い金額が出て、最終的に当初よりオーバーした約3千万円も回収できる見込みの収支計画ができました。戸数も減って、予算も増えたなら、市内業者で施工できるのではないか、再度市内業者に見積りをさせてはどうか、という声もありました。しかし、再見積りにかかる期間分、テナント企業や仮移転中の市営住宅入居者の入居が遅れます。何よりここまで来れたのは東周建設の貢献があってこそです。再見積をとる気はありませんでした。時計の針は巻き戻せず、状況は刻々と変化します。悪転することも好転することもあるだろう、それでもとにかくやってみよう、と思ってくれたところと全てにおいて協業してきたように思います。工事費の壁の乗り越え方に明確な答えはありません。私の場合は、設計のブルースタジオ担当者の藤笠隆之さんと恋人かのように毎晩電話をして、今日は設計工事費が何円減った、増えたというのを共有していました。どの壁もそうですが、あきらめずに毎日その日にできることをして、誰かと励まし合ったから、乗り越えられたのだと思います。施主として努力したことは、施主と施工者双方の金融機関と協議し、保証も差し入れてもらいつつ、工事費を毎月の出来高払いにすることでした。これは施工者に喜ばれました。規模が大き過ぎない会社だからこそ経費が抑えられ、予算に合ったのです。こちらも工事中にその会社の資金がショートしないよう、できることはするという姿勢を示しました。ここまで建設費が上昇する時代では、設計も基本設計、実施設計などと分けず、設計業者と施工業者のペアを提案で選定するＤＢ（デザインビルド）方式で、設計・施工期間をぎゅっと圧縮することが有効です。細かな仕様発注ではなく大まかな性能発注で、工事に入るタイミングもお任せ、建ったものを適正な価格で買い取るぐらいの気持ちで臨む方が、入札不調にもならず、コストも抑えられるのではないでしょうか。

金融融資の壁

今回のプロジェクトにおける最大の壁はこれでした。一度決まっていたファイナンスのパートナー行に辞退されてしまい、その後がなかなか見つからないというどん底を味わったのです。無担保無補償のプロジェクトファイナンスという貸し方は、どこの金融機関でも経験豊富なものではありません。

２０１７年春、まだテナントリーシングの目処はついていない時期でしたが、大東市内に支店がある金融機関に招待状を送り、プロジェクトの説明会を行いました。金融庁からも地方創生事業に融資するようお達しが出ていたこともあってか、本店の方も多数参加され、うち14行から融資関心表明書をもらいました。約1年後の２０１８年3月、テナントの入居も決まったため、具体的な事業収支計画を示し、融資条件などの提案を求めました。事業の根幹となるパートナー行を決める段階でもあり、プロジェクトファイナンスに関するさまざまな質問が出るだろうと、オガールの岡崎さんにも同席いただきました。中でも、枚方信用金庫の猪飼隆介さんは当初からとても熱心でした。事業への理解も深く、やっと提案書の決裁が通ったと分厚い稟議書を嬉しそうに見せてくれたのが印象的でした。他にもう1行からも提案がありましたが、市の補償を求めていたので、枚方信用金庫がパートナー行に決まりました。その年の夏のプロジェクト記者発表の場には吉野敬昌理事長にも登壇していただきました。この時の事業収支計画では総事業費16億円のうち、自己資金として大東市に1億円と民都機構に1億円の出資をお願いする予定でしたが、枚方信用金庫の希望で民都機構からの出資はもらわず、市の出資2億円、残り14億円を融資で進めることとなりました。以降は、市は入居者の仮移転と建物の除却工事、コーミンは公園と建物の設計と施工業者の選定に追われ、月一回の大東市、コーミン、枚方信用金庫3者の定例進捗報告会議で顔を合わせる程度でした。

雲行きが怪しくなってきたのは2019年の年明け頃、概算工事費がなかなか予算内におさまらず、大東市内の建設業者が辞退したあたりからです。戸数を減らしたものの総事業費は16・3億円と3千万円増えることが確定した5月、枚方信用金庫からパートナーの解消を言い渡されました。こちらとしては、収支計画上は増額分も回収でき、提案書にも建築単価の上昇などにより総工事費が増額となった場合は融資金額の増額を検討しますとあったので、呆気に取られるばかりでした。プロジェクトの大幅な変更が無いことが前提条件とはありましたが、どこまでが「大幅な」変更なのかそれぞれの取り方は違っていたのだと思います。後に聞くと、行内で融資上限額にはすでにキャップが被せられており、建設業者が市内から市外に変わったことも良く思われなかったようです。市役所以上に計画の変更を嫌う組織であることが分かった時にはすでに遅し、圧倒的に不足していたのは「対話」です。市の方も、工事費が増えた分、出資額を増やすことを検討するような姿勢は見せていませんでした。

とにかく前に進まなければならないので、岡崎さんにオガールでお世話になった東北銀行を紹介してもらい、すぐに盛岡へ飛びプレゼンをしました。東北銀行は、遠く離れた地のプロジェクトであるにも関わらず、複数の金融機関が協調して行うシンジケート・ローンの調整役であるアレンジャーを引き受けてくれました。そこからはひたすら相棒となる大阪の金融機関を探して営業を重ね、うち1行とは長く協議が続いていました。テナントとの定期借家契約の年数も延ばしてもらい、融資部の懸念事項はほぼクリアされたとのことでしたがなかなか煮詰まらず、市とコーミンとの関係もだんだんギクシャクとしてきました。10月からの着工に向け、土地の定期借地契約を結ぶために、9月の中旬に一緒に法務局に行く予定でしたが、そのアポを市の方が一方的に流してしまいました。この状態で工事に着手してはまずいと思ったのでしょう。市長も入っての話し合いの場が持たれました。東坂市長は、入居者のこともあるので住宅棟は予定通り着手しよう、そしてこの期日までに融資がつかなかったら市が直営でやるという地獄スケジュールをひこう、ただしもし直営となった場合、公民連携事業は失敗で、自分は次期の選挙には出ないだろうということを静かに話されました。それを聞いた私は、トップが政治生命を賭して覚悟しているからには、何としてでも期限までに融資を取り付けようと思いました。経営者としても腹が座った瞬間でした。

秋も深まった頃、ついに東北銀行もアレンジャーを降りてしまいました。残るは、煮えきらないものの東北銀行のパートナー行として協議が継続していた大阪の銀行だけになりました。主たる貸主候補となったその銀行の担当者は、ある提案をしてきました。市が4億円の買取請求権付きの追加出資をすればいけるだろうというものです。20年間分の借り上げ市営住宅の家賃の債務負担行為を上程しようとしていた12月議会に、追加出資についての議案も急遽盛り込み、銀行役員と市長の面会日まで決めていた11月下旬、早朝にその担当者から電話がかかってきました。銀行からの時間外の電話は良くない知らせだと、この間の経験で分かっていました。案の定、話は白紙にしてくれとのことでした。理由は総合的判断とのことで、今でも分かりません。役員の方の中には、最初の銀行に婚約破棄されたからには、何か重大な欠点があるのではないかと憶測された方もいたのでしょう。涙ながらに報告する担当者を前にして、泣きたいのはこちらの方でしたが、落ち込んでいる暇はありません。すぐに市長に連絡し、東さんと共に最初に提案をしてくれた枚方信用金庫ともう一行に連絡を取りました。さらに議決が必要ではありますが、市の補償をつけることも財政課と相談しました。結果的に発動しなければ同じだと思ったのです。結局枚方信用金庫から市の補償をつけずに借りることで合意し、出来高払いの第1回目が年明けに振り込まれました。

現場は杭を打とうとしたところ、市が池を埋めた際の地中埋設物が出て、それを巨大オーガーが貫通しているところでした。その後は東周建設岡島毅監督らの尽力により工事が大きくストップすることはなく、商業棟、住宅棟共に予定通り２０２０年11月には全て竣工することができました。金融融資の壁を越える第一歩は、やはり地域にある金融機関の、プロジェクトファイナンスへの理解が進むことです。そうでない限り、未来永劫、資産を持つ事業者しか大きな事業ができないことになります。事業者側も、さまざまな手段で資本金を集める工夫が必要です。クラウドファンディングで、事業ＰＲやファンづくりと資金調達を同時に行ったり、この開発によって恩恵を被る敷地周辺の企業などから出資を募るのも良いでしょう。そして、どんな時も想いと対話を大切にすることです。今回協業には至らなくとも、前代未聞なプロジェクトの工事見積りや融資協議に奔走していただいた全ての方に感謝しています。

組織の持つ動機をリンクさせよ

これだけ大きなプロジェクトで、地権者である市と地元の関係が複雑な土地での開発を進めるには、エージェント他数人の力だけでは限界があります。そこで公民連携エージェントの主な仕事は、事業の進捗に合わせて市や金融機関、地域事業者、テナント企業などの組織が持つ動機や条件をリンクさせることになります。それらがガチッと噛み合うと、事業は組織の持つ大きな力によってゴロリと転がり出し、それぞれの持ち場や取るべき行動が決まってきます。そのためには、組織の持つ動機を限りなくシンプルに、これだけは譲れない、これが原動力だというものにまで削ぎ落とすことが重要です。中でも自治体は、すぐに子育て支援施設や高齢者の温浴施設など、各部署からの要望を盛り込もうとしてくるので要注意です。地元もうっかりするとコミュニティ施設などを欲しがったりします。それらは動機ではなく願望です。企画・設計期における動機として、市には、建設にかかるまとまったお金は用意できないが、現入居者に一刻も早く安心できる住宅を提供したい、という点に絞ってもらいました。地域事業者としては、大きな箱のような公営住宅は要らず、エリアに今まで来たことのない人に来てもらいたい。これらの動機を、矛盾・対立しないようにリンクさせると、行動として、補助金は使わず、現入居者戸数のみの借り上げ市営住宅を建設し、余剰地に魅力的な店舗を誘致しようということがまず決まります。テナント企業の、子育てファミリーに役に立つ施設併設の本社移転をしたい、が加わり、金融機関は安心してお金を貸したいの一点張りです。金融機関の求めによって、市やテナント企業との契約期間は可能な限り長く引き延ばされ、低予算でレンタブル比の高いミニマムな建物が採用されました。

テナント企業に長期契約に値する魅力を感じてもらうためにも、建物はさることながら、道路、公園、外構などのランドスケープデザインが大切になってきます。ここで、もりねきエリアのデザインやそのコントロールの手法をお話しします。

ランドスケープに関しては、開発許可にかかる技術的検討業務として、公園と親水護岸の基本設計を市からコーミンに発注してもらいました。日建設計シビルの八木弘毅さんにもご協力いただき、親水エリアを持ち、レストラン棟越しに山が見える、器のように緩く傾斜した芝生広場がデザインされました。市の条件は、既存の鎌池公園の面積3100平米は変えないこと。形は変えても良いとのことでしたので、芝生の広場と植樹帯がレストラン棟を取り囲むように配し、市道を挟んだ商

図6　芝生のもりねき広場

業施設の前庭も公園としました。建物の際から数メートルは民地なのですが、折れ点にポイントが入っているだけで境界線は植樹帯の中も横切り、境目がどこにあるかは現地で説明しなければ分かりません。これには株式会社シードコンサルタントの協力と、E‐DESIGN山田匡さんの設計技術が不可欠でした。エリアのデザインコンセプトの一つに「境界線をぼかす」というものがあります。このようにエリア全体を一括して設計することで、統一感のある都市景観をつくっています。基本設計だけでは細部がコントロールできないため、「色決め」と呼ばれる設計監理者が実際に使用する材料を承認する部分も押さえました。公共工事の受注者に対しても、照明や舗装など全体デザインに影響する使用材料については民側のデザイン会議の承認を得ることを、入札の際の特記仕様

図7　外壁の色決めの様子。外構も公園部分が先に完成している

書に書いてもらいました。歩道に敷くインターロッキング一つとっても、製品によって表面のテクスチャーや色味は全然違うからです。可能な限り現物を取り寄せてもらい、精査しました。

大変だったのは建物の外壁です。設計の段階で、建築家の大島さんは黒っぽい色を提示しましたが、ノースオブジェクトの南社長は、黒は人を寄せつけない色だと主張、いくつか提案して、グレーとベージュの中間のグレージュで落ち着いていました。ただし、ネットで拾った住宅の写真で合意したため色番号などは分かりません。施工にあたっては1メートル四方のベニヤ板に塗装材を吹き付けたサンプルを相当数つくり検討しました。日光の当たり具合でも全く違って見えるので、ノースオブジェクトの事務所まで日没に間に合うようにと車を走らせ、見てもらったこともありました。外壁の仕様は、サイディングの目地を低収縮シールと弾性パテで下地処理し、リシンを吹き付けました。左官仕上げのような見た目を、コストと工期を抑えながら再現したオリジナルの「もりねき工法」です。最終的に選んだ色番号は、実際に塗るとやや緑がかり、樹木や山がとても映えます。あまり他では見ない色にとの狙い通り、印象に残る「もりねき色」の外壁になりました。

オガールももりねきも、訪れた人から、公共施設のようでも民間施設のようでもない、何だか不思議なところと言われます。公民で連携した開発は稀なので、どちらかが単独で整備したものしか見慣れていない人にとっては、違和感のある風景として映るのですが、これも他との差異が出て良いのです。今はどこの施設も親切なつくりで、ショッピングセンター内では何も頭を使わずに済む代わりに、用のない店の前までも自動的に歩かされます。もりねきエリア内の建物群は、不整列だったり、雁行していたり、屋根の高さもバラバラで、街道沿いのまちなみを思わせるつくりになっています。共通するのはどの建物もヒューマンスケールであり、それぞれ路面から出入りできるところです。トイレなどのサインも小さく最小限で、禁止事項看板などもほぼありません。お店やトイレの場所も自分で探して発見する楽しみや、何が他の人の迷惑や危険となるかも自分の頭で考える余地を残しています。

サインやロゴのデザインは、デザインスタジオＵＭＡｄｅｓｉｇｎ/ｆａｒｍの原田祐馬さんにお願いしました。施設案内は艶消しでエッジの立った質感のボードに描かれ、公園入り口のモニュメントは「コールテン鋼」でできています。耐候性鋼と呼ばれる鋼表面に保護性錆が形成されるように調合された合金で、はじめは普通に錆びていきますが、安定すると触っても錆が手につかなくなります。エリア全体として、マットな色合いと経年が味となるような素材を選んでいます。これによって、カラフルな北欧風のオーニングや、トレランウェアが引き立ちます。境界線をぼかすというコンセプトが最も分かりやすいのは、共同住宅です。各戸の前にはセミプライベートな空間があり、住民はそこに鉢植えを置いたりベンチに腰掛けたりしています。リビングインという間取りで、ダイニングテーブルからガラスの引き違い戸の玄関越しに中庭の緑を見ることもできます。住戸と共用部との間をあいまいにし、共用部と住宅中庭、中庭と公園、公園と店舗、公園と道路の間を仕切るものも何もなく、心理的な垣根を取っ払うことを目指しました。行き来する人々の間で、コミュニケーションも生まれやすくなっていきます。

話を「動機の同期」に戻すと、建設期の関係者共通の動機は、スケジュールに遅れが出ないことです。そのためには、オープン日から逆算した工程表を企画段階から市につくってもらいます。これは工事でなくソフト事業の公民連携であっても鉄則です。例えば都市公園や用途地域を変更するには年に数回しか開催されない都市計画審議会にかける必要があります。条例改正や予算などは議会の議決事項です。民間とは違う意思決定手順と時間軸で動いているので、市がつくる方が断然良いのです。用地買収などで予定より工事が遅れることに慣れっこになっている自治体に、遅れることでテナント企業が辞退してしまうかも知れないことを意識してもらうためでもあります。工程表には公と民双方が行わなければならないことを全て書き込み、これ一枚をプロジェクトメンバー全員で共有します。もしクリティカルパスに変更が生じそうな場合は、定例会議の中で知恵を出し合い、どこかで挽回する方法を考えて微修正を繰り返します。

現在は維持管理がはじまり、融資返済期にあたりますが、ここでも金融機関の動機は、テナント企業が倒産や撤退をすることなく、完済してほしいの一点張りです。地域事業者としても、市としても同じくです。そのためには、テナント企業の業績が安定し、ここを起点としてさらに売上が伸びていく必要があります。地域に愛され地域に根を張ってもらうように、テナント企業のやりたいことを市とコーミン、東心、地元などが一体となって応援するという行動が決まります。スラックラインや自転車のコースをつくれるような場所がないか、焼き菓子工房を拡張移転する先はないかとなれば、市と一緒になって公民の遊休資産を探します。エリアの飲食コンテンツがノースオブジェクト頼みというのもプレッシャーでしょうし、選ぶ楽しさがあった方が集客も上がるので、周辺の空き家・空き店舗のリノベーション活用も促進します。

公園・店舗・オフィス・住宅という性質の違う施設を適切に保全・活用することも重要です。環境は働く人の生産性にも影響します。共益費と市からの公園の清掃委託費で基本の管理は行っていますが、屋外空間をより豊かにするために、地域の各種団体で「もりねきそとあそび推進協議会」をつくりました。メンバーは、もりねき未来会議として、設計段階から公園に遊具を置かないことなどを話し合ってきました。完成後は、もりねきエリアの屋外空間において、住環境や店舗営業との調和をはかりながら、訪れる人にそとあそびの機会の提供や機運の醸成を行い、まちの魅力、エリア価値の向上に寄与することを目的として活動しています。協議会は市とも協定を結び、もりねきエリアの将来的な賑わいと魅力的なまちづくりを進めています。

リニューアルされた鎌池公園にも、利用や占用に際しては他の公園と同じように都市公園法や大東市都市公園条例がかかります。許可を出すのは市の公園管理者ですが、イベントなどで公園を使う際は、エリアの価値向上に資するものになるよう、表面管理者である公民連携推進室と共に協議会が調整を行っています。公園の魅力を店舗が一方的に享受しているものでもありません。公園敷地内に建っているのではなく、パークマネジメント事業でもないのですが、公園の便益施設としての役割も自然に果たしています。店先でもある公園に放置ゴミがあれば処理し、公園で遊んでいてケガをした子どもが駆け込んできたら対応します。店員の緩やかな監視の目があることで公園の秩序が保たれている部分もあります。各社の社員や住宅住民が交流しながら草抜きをする月一のグリーンデイも定着してきました。レストラン棟のトイレは公園に遊びにきた人が利用しやすいように設計しており、レストランが閉まる夜9時には施錠しますが、福祉作業所に毎日清掃を委託しているのでとても綺麗です。市道からも3メートルの位置にあるため、まち中を走っている配達や介護サービスの車やバイクからは、ちょっと停車して使える綺麗なトイレのある場所、としてここが認識されているのも面白いと思っています。

住宅の住民に伝えていることは「困ったことがあれば何でも言ってください」ということだけです。素敵な自主コミュニティができなくとも、大家としてはそれを言ってもらえるだけで十分です。季節ごとの住宅の住まい方や共用部の使い方などは「もりねき住宅だより」に書いて配布しますが、分からない、困ったと気軽に言ってきてくれるのが一番です。住民からの連絡を受ける専用携帯には74世帯の電話番号が登録されており、うち44世帯は一人暮らしです。そのうちの一人の高齢女性、家の電気が急につかなくなったとご近所さんから連絡がありました。行ってみると、電気代が未納で止められていたのですが、お金が無いわけではなく、未払いに気づかず納付書も行方不明。真冬にエアコンもつかないと寒くて危険です。電力会社に電話をしてコンビニ納付用の番号を発行してもらい、その方と一緒に最寄りのコンビニに行きました。帰ると家には電気がついており、今まで不安そうだった顔がパッと笑顔になりました。別居の娘さんに、口座引き落としの手続きをするように伝えて終了です。市の職員時代はここまではできませんでした。大手の管理会社でもなかなかできないでしょう。住民同士の口コミで「困った時にはコーミンに連絡しよう」が浸透し、色々な要件で電話をかけてきてくれるようになりましたが、冒頭に「みんなで何とかしようと頑張ったんやけど」と言われるので、協力体制もできていることを感じます。住民さんたちが中庭やベーカリーなどでお友達と過ごされたり、玄関前をお花で綺麗にしてくれているのを見ると「私は元気です」と言ってくれているようで、嬉しくなります。エリアでのイベントも楽しみにされていて、マルシェで買った飲み物を片手に、家から持ち寄った椅子を並べて公園での吹奏楽のコンサートを聴かれている様子を見て、あたたかな気持ちになりました。

私の動機であった、「入居者の生活がジャンプアップする市営住宅」は、ほんの少しずつですが叶ってきているような気がします。コーミンは市から地域包括支援センターの業務も受託しているので、認知機能が心配な高齢者のお宅などには専門職に同行してもらうこともあります。それぞれが持てる力を発揮し、無理なところは介護保険サービスなどを頼り、ここでの暮らしを長く楽しんでもらえるようにと願っています。

市とコーミン、東心の間では、完済して以降の20年先まで見据えた動機のリンクも行っています。市は、この市営住宅の借り上げにかかる費用の累積が、直接建設をした場合の費用を上回りたくありません。初期費用こそ安くつく借り上げ公営住宅ですが、借り上げ続けると、いつか直接建設にかかる費用を逆転してしまいます。事業者としても、20年後のある日を境に、退去の難しい世帯を除き全てを民間賃貸に返されても、部屋を埋められるかどうか正直不安です。そこで、入居者が退去するタイミングで、市営住宅としての需要も見ながら、徐々に市営住宅としての借り上げ戸数を減らし、民間賃貸住宅の比率を上げていくという共通の事業計画ができました。これには融資期間中であれば当然金融機関の了承が要ります。民間賃貸になってもウェイティングが出るような状況でなければ許してはくれないでしょう。そのためにも、周辺環境をより良くしていく必要があるのです。

数値的な評価検証もきちんとされるべきです。事業収支計画も30年分、損益計算書、貸借対照表、キャッシュフロー計算書を1枚にしたものを、毎年決算書が出る度に数字を置き換えて、市に提出しています。周辺の路線価は上昇し始め、新築着工数も増えています。斜め向かいにある外構工事を施工した建設会社は、社屋を木造で建て替えました。社長曰く、もりねきに出会っていなければ木造の選択肢は絶対に無かったとのことです。空き店舗をリノベーションしたカフェや美容室もオープンしています。

もりねきが、いつかもりねきとしてではなく、エリアとしてメディアに取り上げられたら良いなと思っています。出資者である市への配当は、完済後にまだ借り上げる住戸があればその家賃を減免することを考えています。全ての借上げが終了する頃には償還払を行い、東心への市の出資は普通出資の１００万円だけになるでしょう。後は解体に要する費用だけを残し、改修も行いながらアフォーダブルな地域住宅として使えるところまで使えば良し、その頃にはエリアの価値はきっと上がっているはずです。公営住宅をたたみながら、地域を耕し、実り豊かな民の市場に返す。これがもりねきプロジェクトが描く未来です。

5

エリアの価値を上げるしかけづくり

大東ズンチャッチャ夜市の看板

道路を使って稼ぐマルシェ事業「大東ズンチャッチャ夜市」

毎月最終水曜日のJR住道駅前デッキ。正午、第1陣のスタッフとアルバイトが集合し、隣接するビルの地下倉庫から設備資材を上げ、レイアウトに従って大まかに配置します。13時半、午前中は事務所で仕事をしていた応援スタッフも加わり、テントやパラソル、テーブル、電源ドラムなどを設営していきます。14時半、出店者の車が次々と上がってきます。近隣の市所有の空き地を出店者用駐車場として確保していただいているのもありがたいです。15時、軽トラに観葉植物を積んだ花屋が到着、ガーランド、黒板、グリーンなどで会場を装飾していきます。ステージを組み立て、ピアノを運び、カラー畳を敷きます。本部では出店者受付を行い、クラフトビール醸造所「丹波篠山ジグザグブルワリー」のクラフト生ビールのサーバーを準備します。新規出店のお店に、禁止しているラミネートパウチのメニューや、派手なタペストリーなどが貼ってある場合、ドレスコードを守ってもらえるよう声をかけて回ります。消火器、営業許可証、ゴミ箱などもチェックし、16時、夜市がスタートします。ベビーカーを押すママと、リース作りなどのワークショップをする幼稚園帰りの子どもたち。車椅子やシルバーカーで野菜や調味料、雑貨などを選ぶ年配の人たち。17時には、早抜けして乾杯をはじめるちょっと優越顔のサラリーマンがちらほら。会場には食欲をそそる匂いが漂います。スタッフたちが気になる商品を購入したり、常連の出店者さんと雑談できるのも今だけです。18時を過ぎると、お店に行列ができはじめます。会社帰りの人たちで立ち飲みテーブルが埋まり、音楽ステージからは1組目の生演奏が聞こえてきます。やがて夕陽が沈み、マジックアワーがやってきます。空は高いところから、濃いブルー、淡いブルー、白、黄色、オレンジと地平線まで美しいグラデーションを描きます。天気によっては雲がピンク色に染まることもあります。この時間だけは誰が何を撮っても綺麗なので、皆思い思いに携帯をかざしシャッターを押しています。自然がつくる一瞬の美しさを好きな人と分かちあいたいという普遍的な欲求。それを満たすことが、寝屋川にかかる見晴らしの良いこのデッキの上で

図１　ズンチャッチャ夜市の様子

図2　2022年10月に開催されたズンチャッチャハロウィンの様子

ナイトマルシェを始めた大きな理由の一つです。堤防の上は1フロア高いところにあるため、都会でありながら周辺の家々が平家に見え、昭和時代のように空を広く感じることも、郷愁を誘います。19時、どのお店も長蛇の列となり、あちらこちらに人の輪が見えます。子どもたちは車の来ない広い空間を自由に動き回り、中高生がストリートピアノを聴きながらクレープを食べています。立ち飲みテーブルを囲む人の輪は流動的で、知り合いやそのまた知り合いが参加しどんどん大きくなるのも、飲み物を買いに行った道中出会った人と別の輪をつくり戻ってこないのもありです。ちょっと2人で話そうかと輪を離れてナイショの話をした後、今度は違う輪にくっつきと、有機的でまるでアメーバの様です。会社帰りの人であれば、月に一度18時半から20時半の2時間ほどとピンポイントに限定された時間だからこそ、常設店に比べここで誰かと会える可能性は飛躍的に増します。

ライフルホームズ総研の島原万丈さんの報告書『官能都市〜センシュアスシティ〜』では、人と人との関係性や五感で味わえる豊かさによってまちを評価しています。アクティビティからまちを測る指標として①共同体に帰属している、②匿名性がある、③ロマンスがある、④機会がある、⑤食文化がある、⑥街を感じられること、⑦自然を感じること、⑧歩けることが挙げられていますが、大東ズンチャッチャ夜市（以下「ズンチャッチャ夜市」）はまさにこれらの要素を満たす疑似的な官能都市と言えます。機会があるという点では、ここで新たな仕事を紹介されている人も多いです。加えて、場の持つ寛容性と能動性です。職場の飲み会では上司の挨拶から始まり、無礼講といえども若手には若手なりの役割が求められます。有志の集まりでは、そもそも声をかけるメンバーから気を遣います。呼ばれない人も、そういう集まりには行かない人もいます。ここでは、それらの縛りは一切ありません。生ビールを2杯買い両手に持って歩いていく先には、ご馳走してしゃべりたい誰かがいるのでしょう、その顔は役割や気遣いから解放され、能動的で輝いています。ちょっと苦手な人からはすっと離れれば良いだけです。官能性、寛容性、能動性は大人の社交場としての重要な機能です。20時、人々はさらに陽気に、テーブルの上は空ワインボトルが並び、台湾屋台村の様を呈してきます。音楽ステージもファイナルとなり、立ち飲みに疲れた人たちは腰を落ち着けられる近隣の店舗へと流れて行きます。21時、夜市は終了です。片付けは出店者にも、カゴ台車にパラソルや重りなどを積むところまで手伝っていただきます。数百点ものアイテムを倉庫があるビルが閉まってしまう23時までにしまわなければならないので皆で力を合わせます。22時半過ぎ、駅前デッキは何もない、いつもの静寂な空間に戻ります。さきほどまでの数百人の喧騒が幻想に思える、まさに一夜城です。道路照明だけが照らすデッキにスタッフが再び集合、気が付いたことを軽く話し、無事に終わったことに安堵しながらそれぞれ帰路につきます。近隣の店に打ち上げに行こうにも、シャワー効果で流れた人たちによって、この時間には目ぼしいメニューは品切れになっているからです。ボランティア、アルバイトも入れたスタッフの総数は総勢10~15名程。これが、出店者のお店が忘新年会で忙しい12月から寒さが勝る2月までの休止期間を除き、毎月繰り広げられます。

「稼ぐ」マルシェ事業というからにはここでもお金まわりのことについて言及しておきます。まず、コンセプトのあるマルシェをはじめるには初期投資として、テントなどの備品を揃えるのにざっと200万円ぐらいが必要です。私たちはこれを「住道エリアプロデュース戦略」の業務委託費の中から捻出しました。それら備品を収納する場所が確保できるかどうかも考えます。駐車場2区画分ほどの広さは要ると思って良いでしょう。会場の近くで、フラットもしくはエレベータでアクセスできるところでなければなりません。駅前はマルシェをするには最適ですが、倉庫探しが大変で、費用も高くつきます。テントを主催側で揃えず出店者持ち込みとすると、広い公園に点在させるような場合はまだしも、集積するとフリーマーケット感が出てしまい、会場がデザインし難くなります。意外にかかるのが、テントやパラソルの重りと、ナイトマルシェに必須の照明です。出店者受付時に電球と三連ソケットのすずらんコードを渡し、テントやパラソルの軒下に引っ掛け、隣の店舗と繋いでもらいます。薄いガラス製の白色電球は、雰囲気も良く写真に撮っても綺麗なのですが、値段が高く割れやすいのが悩ましいところです。ガーランドと一緒に通路上空をわたすイルミネーションライトもあった方が良いでしょう。何でもインターネットで買えて便利な時代ではありますが、粗悪なものも多いので要注意です。飾りつけてからどこかで断線しているのか点灯しないことが分かった時はどっと疲れます。立ち飲み用の高さ90センチのテーブルは木製で、オリジナルです。天板と足は簡単に組み立てられ、カゴ台車に効率的に収納できるようにサイズも考えられています。カゴ台車は安い中古品が出る度に買い足していますが、同じフォーマットのものが手に入ればベストです。イベント名が入ったデザイン性の高い看板なども必須です。写真スポットになるだけでなく、行政が特に苦手な「お洒落に名乗る」ことの大切さを伝えています。各店舗にも、初出店の時に屋号の入った木製ネームプレートをプレゼントしています。イベントとしての統一感がグッと

図3　大東ズンチャッチャ夜市のフライヤー

出て、会場マップを作成しなくても、来場者がお店を見つけられます。既存店舗の宣伝のためにも、商品により責任を持ってもらうためにもです。カラー畳の上で座って使う用のテーブルも購入しました。会場は立ち飲みエリアと、小さい子連れのための座敷エリアの2種類だけを用意しています。椅子は社交場としてのキャパや流動性も考え置いていません。

私たちの場合、初年度は備品代とは別にフィーも払い、マルシェ運営の専門家に関わってもらいました。デザイン事務所、融点の秋松夫妻にはチラシや会場のデザインを今もお願いしています。「大東ズンチャッチャ夜市」というネーミングは、大東でやるなら横文字ではなく、日本人なら誰でも聞いたことのあるオノマトペのフレーズを使おうというところから生まれました。チラシのグラフィックのベースは夕陽が沈みゆくまちを行くブレーメンの音楽隊、キャラクターが影絵になっているのも同様の趣旨です。基本のデザインは毎回ほぼ同じで色を変えます。ショップのカウンターにも置きやすいA6サイズに半年分の日程と場所と時間が書いてあり、裏面は出店者とパフォーマーの申し込み先、というシンプルなものです。何をやっているかなど特に書いてはいませんが、若い人から高齢者まで、可愛いと手に取ってくれます。会場のテントやパラソルも、オレンジ、紺、えんじと、夕暮れのまちを連想させる色で揃えました。

本部の開催1回あたりの売り上げは出店料とビールの売り上げで計40万円前後です。出店料が物販用のパラソル4400円、飲食用のテント7700円、キッチンカー11000円で、合計約40店舗の出店の場合です。メインは、お店の人と目線の高さが合い、コミュニケーションが図りやすいテントやパラソルとしています。本部で独占販売としている1杯600円のクラフト生ビールは、夏場は300杯以上売れる時もあります。ランニングにかかるコストは、倉庫代、ビールの仕入れ、アルバイト代、ボランティアへのお礼、PA（音響機器）、音楽パフォーマーのお車代、チラシ代、会場光熱水費などです。観葉植物のレンタル費用も譲れません。出店者とのやり取りやイベントの許可申請図面作成、SNSの発信などを担当する専任の

図４　畳エリア前の植栽

パート職員1人の月給も支払っています。備品の買い替え、買い足しも年間予算を決めて行います。冬季や雨等で開催できない月は収入がありませんが人件費と倉庫代はかかってくるので、その分を見越した貯金も必要です。

雨天中止に関しては、特定のウェザーサイトにおいて、当日朝10時の時点で、開催時間中1ミリ以上の雨予報が3つ以上ついていたら中止のような共通ルールをつくっています。利点は、中止決定時間を後ろ倒しにすることができ、中止したのに実際は晴れ、またはその逆となる確率を下げられることと、各店舗が予報を見ながら仕込みの量などを調整できることです。1年かけて準備したイベントであれば無念さでやり切れない雨天中止も、毎月開催であれば、主催者出店者共にいかに負担なく中止できるかという視点になります。それでもいくらかは用意した食材が余ってくるので、出店予定だった飲食店には中止の際はできれば食べに行ってほしいと発信するのも主催者の心配りです。

各店舗の売り上げは多い店では20万円を超えるところもあり、普段1円も稼いでいない駅デッキにその日だけで数百万円のお金が動きます。来場者が使う額は一人１０００円ぐらいから1万円以上とさまざまです。２０１７年に始めた時は20店舗ほどだった出店数はコロナ前に一旦53店舗まで増えました。出店数が多過ぎたりメニューが被ると1店舗あたりの売り上げが少なくなり、出店者が出控えます。逆に少な過ぎると今度は行列が長くなる、お店の選択肢が少ないなど来場者の不満につながります。質は担保した上で、会場に適した、これらのちょうど良いバランスを見極めるのがマーケット運営の肝です。出店者を決める審査会は毎月白熱します。

都心から15分、6万人の乗降者数がある駅前デッキと駅から離れた住宅街にある公園では条件が全く違います。同じ駅前でも仕事帰りに1時間も乗れば、最寄り駅に着いた時点でもう家に帰って食べて寝ようとなってしまうでしょうし、田舎の方は基本車通勤なので飲めないなど、平日の夜開催のマーケットがどこでも合うとは限りません。ズンチャッチャ夜市は、ターゲットでもありすでに住道周辺に一定数存在する「すっぴん女子」に、平日でも仕事帰りに近場で一杯飲む習性があることからはじめています。ここでも顧客先付けで、何事もそのまちと人の特徴をよく調べることからです。

「それで、結局夜市出店者が住道駅周辺に店舗を構えたのか?」これはよく聞かれることです。住道エリアプロデュース戦略においては、マルシェを続けることで地元資本の店の売り上げのアップや、店の数自体が増えることを期待していました。出店者割合は市内、市外で半々、5年間で100店舗ほどの出店がありましたが、地元出店者が実店舗を住道駅に近い場所に移転した、2店舗目を出した、出店者同士のコラボ商品ができた、という例はあっても、市外の出店者が大東に店舗を構えた例はありません。私たちですら思うのが、日常の住道はまだまだ商売をするには厳しい場所だということです。理由に周辺のテナント家賃が高いこともあります。なまじ売れるために、ズンチャッチャ夜市に出せばそれで良し、となっていることも否めません。ただし、地元出店者には確実に好影響を与えているようです。市内2店舗の声を紹介します。

「アメツチ」　上之山夫妻　―ベーグル・スープパスタ

通常時の営業が19時までなので、ズンチャッチャ夜市に出店することで普段は来店できない人にも利用してもらえたり、店の知名度アップになるので月に1度の出店は迷うことはなかったですね。第1回目から出店できたことも良かったです。お店では、お客様とお話

図5 「アメツチ」出店の様子

することができないことも多いですが、ズンチャッチャ夜市はお店に来てくれているお客様や初めての方とコミュニケーションを図れる機会でもあり、楽しんで出店しています。魅せ方の勉強にもなるし、意識を下げない努力をしてチャレンジできる場です。ズンチャッチャ夜市の継続は大切だと思っているので、一緒に創り上げる意識を持ちたいと思っています（図5）。

「SHOTA」 芝翔太 ―和食

ズンチャッチャ夜市に出店することで売上も知名度もアップしています。お店に来ない方ともコミュニケーションがとれますしね。SHOTAとして価値ある品を適正価格で販売できるイベントが大東にはなかったので、色々チャレンジしてみたいと思えました。出店時の魅せ方等の意識も高まっています。毎月出店するのはしんどいと感じることもありますが、楽しい！　大東市内の個店の出店が増えてほしいなって思いますね。

面白い動きとしては、地元の不動産会社であるレックホームがズンチャッチャ夜市に出店するようになりました。リノベーションなども得意としている会社で、会場に格好良いモデルリビングをつくられています。唯一椅子とテーブルのあるこの飲食スペースには入れ替わり立ち替わり人がやってきます。宣伝はテーブルの上に控えめに置かれたチラシのみ。ペイントを施したドラム缶テーブルでは、社員がお客さんと飲んでいます。徳田和正社長はズンチャッチャ夜市に来ている人がいつかリノベーションをしたいと思い立った時にうちを思い出してくれれば良いんだと、出店料も協賛として他よりも高く払ってくれています。集客の多い夜市はメディアの側面もあることに気付かされます。

このように仮に飲食物や物品を販売しなくとも、コンセプトに合っていて見せ方が上手なところと一緒にやるのもとても良いです。出店審査の際のポイントは、飲食でも物販でもそれ以外でも、商品（パフォーマンス）へのこだわりと、見せ方です。応募の際には出店や出演の様子の写真や動画を送ってもらいます。炭火で焼く前の食材を美味しそうに並べたり、素材の良さを書いたポップをつけたり、アクセサリーもただ並べるだけでなく、流木や棚を使って立体的にディスプレイすることを推奨しています。一夜限りの夢の商店街ですから、空間デザイン上もそこは譲れません。商品を提供用の器に盛った写真もチェックします。発泡の白いトレーより、少々高くてもクラフト紙の器の方が気分が上がります。器代も商品の代金に乗せれば良いのです。もしもズンチャャッチャ夜市で食中毒が起きた場合、責任は各店舗とはなりますが、せっかく楽しみに来ていただいた方が健康を損ねては元も子もありません。露天やキッチンカーで商品を提供できる営業許可書を持っているかどうかは応募の際に確認し、衛生管理を徹底するよう啓発もします。万が一体調を崩された来場者には医師の診断を受けることをおすすめします。医師は食中毒と見られる診断をした場合、24時間以内に保健所に届ける義務がありま す。保健所は本人にこの1週間に食べたものを聞き取りし、検便結果も見て、・次加工場である店への立ち入り検査も行い、原因が特定できたら営業停止などとなります。イベントで食べた物が怪しいとなっても店の名前を覚えていない人もいるので、主催者は店舗の配置図と主なメニューなどを備えておき、保健所の調査の際は協力してほしい、また生肉握りなど明らかに直前再加熱をしていないようなものを出す店は排除してほしいと言われています。食品衛生法では露天で取り扱い可能な食品も決められていて、それも時々変わります、大阪ではずっと不可だった炊飯した米飯が最近可となり、これでカレーライスも提供できるようになりました。

現場再加熱が鉄則とはいえ、炭火で炙った大きなマシュマロをクッキーに挟んだ「スモア」を出そうとして、「クッキーの方も、もう一度焼いてください」と言われた時は驚愕しました。かき氷やわらび餅は良いなど、伝統的露天商の擁護なのか、単にカフェメニューについて来れていないだけなのか、謎のルールも存在します。そんなこんなをくぐり抜け、次月の出店者とメニューが決まるのです。毎回新しいお店が出るので、あれとあれを買うぞ…と主催者側もワクワクしています。

ズンチャッチャ夜市はいつまでやるのか？　出店者も来場者も私たちも楽しみにしている社会実験の終わり方は難しいものがあります。ズンチャッチャ夜市によって駅デッキの可能性は可視化できました。川のある風景を楽しむ文化もできつつあります。地域の自治会長や商店会長などに向けた年度ごとの報告会も行ってきました。しかし、初年度にズンチャッチャ夜市と同時に提案した船着場や舟運、その後リノベーションスクールから出された堤防の上のハイラインなど、川に近づくプログラムは何一つとして実現に向かっていません。カミソリ護岸をモルダード工法で修景するどころか、川には相変わらず浮遊ゴミが漂い、風向きによっては悪臭も上がってきます。公民連携事業としてはデッキの使用料として幾ばくかは市に還元し、維持管理費用などに充ててもらいたいところですが、現在はまだ光熱水費の支払いのみとなっています。デッキは当初バスロータリーとして設計されましたが、周辺商店街の反対があったとかで、結局一度もバスが上がることはありませんでした。広大な歩行者天国とはいえ市道であるデッキは、イベントなどで貸し出されることが前提ではなく、借りやすい手続きシステムの構築や料金設定がなされていないのです。毎月、コーミンが作成した申請書類を元に公民連携推進室から道路課へ占有許可申請を行っています。道路である限り必要な警察への申請も毎回大変であり、広場化なども検討課題です。また、デッキのうち、橋の上や堤防から5メートルの範囲は河川区域で、様々な規制がかかっており、本来営利活動が禁止されています。「都市・地域再生等利用区域」の指定を受けることも視野に入れつつ、今は地域活性化ための公益的事業として、間に大東市が入ることで、大阪府から許可をいただいています。民間が公の財産を使ってチャレンジする時に、保護者のような役割をしてくれる組織が行政内にあることの是非も問われます。道

図6　普段の住道駅前デッキ

路課や公園課、府の河川室などにしてみれば、よく分からない民間から直接イベントの申請が上がってくるより、公民連携室が申請者となることで、格段に許可しやすくなります。いつまでもこれでは各課の公民連携への真の理解が進まないのではという思いと、皆がある程度解っていて、この方がスムーズならば良いのかもという思いが交錯します。料金も「行政あるある」で、業者向けの、小規模面積想定、市内統一、一日単位の高い単価か、地域の盆踊りと一緒にされての全額減免か、となってしまいます。

同じデッキの上でも、JRの敷地内で毎月開催している「住道ガッタンコ音市」では使用料を払っています。この場所の不動産価値を時間単位で計算し、頃合いの金額を提示されるところはさすが民間企業です。こちらも、その上で採算を取っていこうと気合を入れて臨んでいるところです。住道駅長も、構内のサイネージやアナウンスで音市の案内を流し、当日はキッズ向けの駅員制服記念撮影コーナーや、非売品グッズの配布などで盛り上げてくれます。鉄道ファンとストリートピアノファンの交わる1日になればと、常連さんも大阪環状線の発車メロディや「銀河鉄道999」を弾いてくれたりします。デッキの両サイドに直結する再開発ビルのうち一つは、分譲マンションとしての再再開発が始まりました。その事業主からも、連携を打診されています。

イベントを続けてきたことで周辺商業施設等との新たな関係が生まれ、また住道エリアプロデュース戦略の推進は諸々が道半ばです。これらの期待に応えるためにも、コーミンとしてまちの変化や流行を知ることができる貴重な機会としても、黒字事業である限り、ズンチャッチャ夜市は当面は継続する方向です。

「すっぴん女子」と創るローカルメディア『Ｎｕｋｕｉ』で地元を磨く

ズンチャッチャ夜市と合わせてスタートしたのが、ミニコミ誌『Ｎｕｋｕｉ』の発行です。第1号は、小さなまちのまちづくりを応援している株式会社サルトコラボレイティヴの加藤夫妻に指南してもらい住道エリアプロデュース戦略業務の成果品の一つとして作成しました。未だかつて行政の業務委託の成果品としてこんな素敵なものがあったでしょうか。Ａ5サイズと小ぶりで、上質紙を使った落ち着いたイメージの中綴じ冊子は、「すっぴん女子がゆく！ 温《ぬく》いまち大東の遊び方」と称し、地元のご飯屋さん、川（自然）、音楽、すっぴん女子への密着取材で構成されています。すっぴん女子の定義は、化粧をしていない女子ではなく、心がすっぴんな人（男性含む）。①ブランド志向ではないけれど良いモノを求める、②行動力がありアクティブで、分け隔てなく世話好き、③おごらず、見栄を張らない、正直で、飾らない、④地域

図7　ローカルメディア『Nukui』

での暮らしを楽しんでいる、皆がちょっと憧れる存在、という特徴を持ちます。２０２１年３月号では、大東市の龍間地区で、府下の廃木材や間伐材の再資源化、バイオマス発電、売電をしているＴＪグループホールディングスの取締役、辻元真由子さんに密着しています。職場は山の中で、普段会うのは作業着の男性だけ、と言いながらオシャレに手を抜かず、「電力の地産地消」という取り組みを市内の小中学校の環境学習に役立てたいと笑顔で話す彼女は、完全に「すっぴん女子」でした。ちなみにもりねきの電力も、ここのものを使っています。

『Ｎｕｋｕ·ｉ』の制作には、すっぴん女子生みの親でもある地元デザイナー、土山純さんの協力が欠かせません。『ＤＡＩＴＯ ＴＩＭＥ』という月刊紙を１００号超えて出してきた紙面制作技術を持ち、人の顔写真を撮らせたら右に出る人は居ない彼女は、「ゆうひズムプロジェクト」や「住道駅前ストリートピアノ」の中心人物でもあります。地方でのまちづくりにおいて、そのまちのデザイナーや大工、リノベ系が得意な建築士や工務店などと組むことは大変重要です。地元民である彼ら彼女らならではのまちへの課題意識もあり、まちづくりのプロフェッショナルにヒントをもらうことでその表現がさらに豊かになっていきます。近々、大東近郊でデザイン系の仕事をしている人たちに声をかけ、月1~2回の、コワーキングスペースがつくれないかと考えています。お隣の奈良県生駒市でデザイナーと市職員が主となり、役所の近くのカフェ「キニナル」で月に1度開催している朝活の雰囲気がとても良かったからです。コーヒーを片手に交流し、8時半頃にサラリーマン組を見送った後はフリーランス組のコワーキングスペースとなるのです。これも良いし、ご飯屋さんを借りてフリーランス組が午後から集まり仕事をしたり喋ったりし、サラリーマン組がアルコール片手に加わり夕活となるのもどうかと考えています。デザイナーや飲食店主など普段一人で仕事をしている人同士のつながりがつくれ、サラリーマン組、できれば市役所職員とも交流でき、新たな公民連携事業が生まれたら良いなと思っています。

『Ｎｕｋｕ·ｉ』では一人焼肉からスイーツ店、自然から音楽まで、すっぴん女子目線で、バイ・ローカルなライフスタイルを推してきました。発行は年1回程度で、掲載店や市内の子育て支援施設での配架の他、保育園、幼稚園、こども園の保護者には1冊ずつ配布しています。事業の公民連携ポイントはこの配布ルートの利用です。子育て情報などは一切載っていないのに、未就学児のいる世帯に届けたのには理由があります。大東市は子どもが小学校に上がるタイミングと家を買うタイミングで転出する世帯がとても多いのです。この冊子には子育てが一段落した先輩ママから、まさに子育て真っ最中のママ達に向け、まちを楽しむ気持ちを忘れないでというメッセージを込めました。「今はまだそんな時間が持てなくても、もう少ししたら自分の時間を楽しめる時が来るよ、大東にも意外と素敵なところがあるでしょう？　だからどうか出て行かないで…！」と、行政用語でいうところの「転出抑制」効果を狙ったものです。子育て中だからこそ、子どもがいなかった時代に楽しんでいたことを思い出し、少しの時間でも子どもを誰かに見てもらい、『Ｎｕｋｕ·ｉ』に載っているカフェに行ってみてほしかったのです。ママたちからは、「こんなお店があるとは知らなかった」「実際に行ってみた」「ページをめくるだけでも楽しい」という声が寄せられました。今住んでいる人たちの満足度を上げずして「転入促進」はあり得ません。

現在はウェブ版の『Ｎｕｋｕ·ｉ』も並行して作成しています。ズンチャッチャ夜市の出店者情報や紙の『Ｎｕｋｕｉ』の過去記事を中心に、大東の美味しいご飯屋さんのことならここのサイトだよね、と言われることを目指して地道に掲載店を増やしています。こちらは記事広告も取っていて、将来的には、サイトの広告料で、紙の『Ｎｕｋｕｉ』の発行にかかる費用を恒常的に賄えたらと思っています。住道駅からほど近いところにできる新築マンションの販売代理店から連絡がきたこともありました。モデルルームで配布するために、『Ｎｕｋｕｉ』の別冊をつくってもらえないかという依頼です。ズンチャッチャ夜市と、子育て世帯に人気の府営深北緑地公園を特集し、飲食店などは過去の総集で良いとのこと。人口流入は私たちの目的の一つでもあるため、ウェブ上でのママ座談会とともに引き受けました。確かに、家を買う人たちにとっては、マンション広告にありがちな「スーパー、病院、小学校徒歩◯分」といった情報よりも、その地域に住むママたちのリアルな声の方が有益です。マンションも早々に完売し、楽しいお仕事でしたが、それ以来移住者向けの地域紹介マップがあれば良いのではと思うようになりました。市内8中学校区それぞれのエリアの日常的な風景、普段使いのご飯屋さん情報などをまとめたものは、転入者の家選びの際のヒントになるのではないか。市の移住定住促進サイトは観光コースや祭り、公共施設や給付サービスの紹介になるのでそれとは重なりません。まずは『Ｎｕｋｕｉ』のサイトなどでマップを見た転入希望者が、さらに事務所に足を運んでくれたら嬉しいです。今でもたまに、家探し中の若い夫婦が来られ、大東での暮らし方をあれこれ紹介することがあります。中古物件を購入してリノベーションして住みたい移住者に向けて、不動産所有者からも、活用しても良い物件の情報が集まってくるようになればしめたものです。将来的に民間賃貸となったもりねき住宅への入居を勧めることもできるし、ノースオブジェクトが設計する戸建てや、高性能住宅を建てられる工務店を紹介することも、レックホームがリノベーションする物件に繋げることもできます。

今後はすっぴん女子的リノベーション暮らしや、1階で小商いをしながら上階に住まう暮らしなんかも密着レポートしていく予定です。住む人がまちをつくるので、想いを持って暮らす人を一人でも増やしていけたらと思います。近郊には月間300万PVを誇るおばけウェブメディア「枚方つーしん」、略して「ひらつー」があります。グルメネタは元より、開店・閉店・イベントなどの話題が、親しみの持てる文体で月200記事以上アップされており、強力な地元メディアとなっています。刺激を受けつつ、『Nukui』もまた地元を磨くローカルメディアとして、ゆるゆると独自の発展をしていきたいと思っています。

6

まちを使う人を元気に！
結果を出す健康事業

大東元気でまっせ体操の様子

体操で元気な人を増やし全国の介護給付費を削減
地域健康プロフェッショナルスクール

大東市公民連携基本計画の四つのリードプロジェクトには、市有地の開発、廃校リノベーション、駅前道路の利活用という三通りのハードのまちづくりと、一つだけ毛色の違う健康まちづくりというソフトのまちづくりがあります。前の三つにはそれぞれ場所があるのに対し、四つ目のフィールドは市域全体、そして最初から全国の社会保障費の削減が目的に入っています。ここでは市有財産の内でも珍しく知的財産を活用した公民連携事業を紹介したいと思います。

大東市はこれといった特産品は無い代わりに、リハビリや介護予防の世界では地域リハビリテーション（以下「地域リハ」）の先進地として昔から知られた存在でした。「人ではなく地域をリハビリする」市職員でもあった理学療法士の山本和儀さんによって提唱されたこの考え方は、今や厚生労働省の事業名にもなり、理想の支援のあり方だと言われています。障害児・者や高齢者が、住み慣れた地域でパフォーマンス高く暮らすためには、本人の努力だけではどうにもならない部分があります。地域が持っている機能を生かしてさらに発達させようという「ハビリテーション」の思想です。対して「リハビリ」は、元の状態に回復させるというイメージがありますが、大昔はもっとノーマライゼーションな社会だったことを考えると、近代化によって生きにくくなった地域を「Ｒｅ（再生）」しようとするという意味でこちらも正解でしょう。同じく「リ」のつくリノベーションまちづくりについても、対象は都市や建築に限らず、福祉や教育の分野にも共通する考え方だと清水義次さんは著書『リノベーションまちづくり不動産事業でまちを再生する方法』（学芸出版社、２０１４）の中で示唆してくれていました。福祉や介護の分野では特に関わる人々の考え方をスイッチさせることが肝となってきます。昔、生命保険会社のＣＭで頭の中の矢印の方向がくるりと変わるというものがありましたが、そのイメージです。介護保険は「使わな損」ではないのです。寝たきりになって、介護サービスの自己負担料を年間20万円払うのと、その分を旅行代にあてるのとどちらが良いかと聞いて、前者と答える人はいないでしょう。それなのに、更新認定で介護度が重くなると家族や事業所が喜び、軽くなると逆にがっかりする。ヘルパーさんが初めて家に来た日には「他人さんにこんな家に上がってもらうなんて申し訳ない…」と恐縮していた利用者が、2ヶ月もすると、次はあれしてこれしてと、椅子にどっかりと座ったまま指示するようになる。毎週デイサービスに通っているのに、なぜか介護度が悪化している。目の前には新たに虚弱な高齢者が次々と現れてくる。何かがおかしい。これらの実態を調べ上げ、介護サービスに頼らない、住民主体の通いの場「大東元気でまっせ体操」を創設したのが、山本さんの後継者、高齢介護室課長で理学療法士の逢坂伸子さんです。「筋力は何歳までアップすると思いますか？　答えは、死ぬまでです」「スーパーのサッカー台にあるビニール袋のロール、あれをタダだからと言って皆が腕にぐるぐるぐるぐる巻き取って帰れば、いずれ商品代に転嫁されるでしょう？　それと同じことが介護保険料にも言えるんですよ」大東の上沼恵美子と呼ばれる話術で、今日も瞬く間に高齢者を引き込んでいきます。

大東の地域リハの歴史は１９６０年代中頃に山本さんが地域の障害児の保護者の活動にかかわったところからスタートします。１９７３年には市役所におそらく全国で初の「理学療法課」が誕生し、初代課長に山本さんが就任しました。大東市の地域リハ活動は療育分野から始まり、療育センターと小学校、その後は保育所、幼稚園、中学校、高校、大学、一般企業から作業所、道路、公共建築、民間病院、一般店舗へと多種多様に広がっていきました。地域リハ活動の支援者も保育士や教員、保健師、作業療法士、言語聴覚士など多職種になり、ボランティアや住民など共に活動する人が増えていったそうです。私が就職した１９９９年には「リハビリテーション課」に、何人もの理学療法士が勤務し、身体が不自由な方の住宅改造助成事業などに走り回っていました。当時教育委員会事務局の学校施設担当だった私は、４月から入学してくる障害のある小・中学生が決まるといつも逢坂さんに連絡をしていました。その児童・生徒一人ひとりに合わせ、例えば足が開けない子のためには幼稚園児用の細長い便器をつけたり、汗がかけない子のためには保健室にシャワー室をつくったり、全盲の子のためには必要なところに点字シートを貼ったりと、アドバイスを元に新学期までに彼らを迎える準備をするのです。当時はそれが当たり前だと思っていましたが、全国的に見ると稀であることが後に分かりました。障害児は設備の整った支援学校に行くのが普通で、そもそも市職員として理学療法士が何人もいる市は他になかったのです。山本さんのイズムである、国ではなくいつでも住民の方を向いて仕事をするという姿勢は着実に引き継がれていました。大東市は、障害児のいる家族が移り住むまちとなり、義手・義足大手の川村義肢株式会社のようにその風土に魅力を感じた企業も転入していました。程なく、高齢化社会が到来し、逢坂さんは仕事の軸足を障害者から高齢者へと移すことになります。

２０００年、家族の仕事であった介護を、保険料と税金で賄う社会の仕事にする介護保険法ができました。おかげで私たち勤労世代も両親の介護のために介護離職をせずに済み、主たる介護者にとっては、家に家族以外の人が出入りして介護に関わってくれる、それだけでも心に風穴が空いたようだと言われる制度です。一方で、急速に市場を拡大させるため、事業所が儲かる仕組みがつくられました。中立なはずのケアマネジャーの中に、サービス事業所の営業マンのような人が出てきました。異業種の経営者も参入し、午前中、住宅街の路地は介護サービスの送迎車ですれ違えない程です。高齢者が増え、またさらに超高齢化していくため、介護給付費が右肩上がりに増えても、保険者も国民もそれを当然のことのように感じ、疑問を持たなくなっているのが現状です。そこには本人にとって本来不必要なサービスが混ざっているのではないか、本人や家族が本当に幸せになっているのか、タブーのようなこの部分に切り込むタイミングが訪れました。2015年に介護保険法が改正され、要介護1〜5は全国一律のサービスのままですが、要支援1・2といわれる軽度な利用者などに対しては市町村が支援内容を決められる、総合事業（介護予防・日常生活支援総合事業）制度がスタートしたのです。逢坂さんは、1年かけて各所に説明を行い、2016年度から、これまで週に一度デイサービスに通っていた要支援者を、大東元気でまっせ体操への参加に切り替えていきました。また、一部の体操会場で自然と行われていた住民同士の助け合いを全市的な制度としました。30分250円もしくは時間貯金（将来サービスが必要となった時に使える）の有償ボランティアである生活サポーターは、ヘルパーが介護保険法上できないようなことまでやってくれます。これらによって、高齢者約3万人の都市の、予防にかかる介護給付費は、通所と訪問合わせて6年間で22・5億円削減されました。市民へは「介護人材不足を補う」という目的を出前講座や高齢者の暮らしの情報誌などで発信しました。

大阪府内では2025年には約2万5千人、2040年には6万8千人の介護人材が不足し、必要な方が必要な時に適切なサービスを受けられなくなってしまうと言われています。これらに立ち向かうために、①軽度な方の家事援助を生活サポーターや民間の家事代行業者が行うなど、介護専門職以外の新たな支え手を確保する、②介護予防の強化策として大東元気でまっせ体操の活動拡大で元気な高齢者を増やす、③自立した日常生活への復帰のためにサービスを利用するような介護保険の上手な使い方をみんなが知る、という3本の矢で大東市を支えようと啓発しました。その上で、軽度な方を対象にしていた事業所には、より重度な方へシフトチェンジしてもらえるように説明を重ねました。関係者には「自立支援」の定義を統一することから始めました。自立支援とは本人の自由意志を尊重することだという考え方もありますが、ここでは、本人の身体機能を最大限伸ばし、元の生活、それも掃除や買い物ができ、趣味のサークルや地域活動に参加していた頃の生活に戻す支援をいいます。軽度な人にまで重度者と同じようなお世話型のヘルパーサービスを提供するのではなく、見守りながら本人のやる気を引き出し、できる生活動作を増やすのです。昔のように家庭菜園を楽しみたい、を目標とすればそれを関係者一同で応援します。他の人にも需要があると分かった場合は市の事業とすることも検討します。お世話役がいて、皆で収穫を楽しめる畑があれば良いよねとなればその開墾費を出したり、霊園のバスに、体操会場とスーパーや商店街をぐるぐる送迎してもらうシステムを構築したり、どうすれば自立に向かうかそれぞれの立場で考えます。

２００５年度に始まり、今では市内１３０グループ以上が行なっている大東元気でまっせ体操は、週1回以上開催のため、とじこもり予防でもあるデイサービスに取って代わることができます。70歳以上のラジオ体操を目指したこの体操は、下肢筋力を強化し、全身のバランスや足首を鍛えることで、転倒しにくい体をつくります。体操自体は全国的に有名な「いきいき100歳体操」でも良いのですが、適切な負荷がかかり、エビデンスのあるものを使うことが重要です。体操参加者のうち希望者には毎年体力測定を行っています。中でもTUGテスト(Time Up and Go test)と呼ばれる、座っている姿勢から立って3メートル先のコーンを回ってまた座るまでにかかる時間を測るテスト結果が10年前と変わらないという成果が出ています。これに時間がかかると、食卓から立って冷蔵庫の物を取り戻ってくるのも億劫になります。体操を5年続けていた群は、同年代の体操していない群と比べ、医療費に年間約9万円も開きがありました。身体に効く体操かどうかは、続けていると日常生活で身体がラク、ケガでの入院から回復が早いなど、口コミで良さが広まっているかどうかでもわかります。参加者は自宅から徒歩で行ける公民館などに集まり、DVDを見ながら、慣れた様子で、ストレッチ、椅子に座って行う座位バージョン、立位バージョン、臥位、リズム…と参加者のレベルに合ったところまで進めていきます。公民館の鍵を開ける人から、椅子を並べる人、DVDをセットする人、出席簿と血圧計を用意する人、全て住民で、市の職員や体操の先生などはいません。必ずやってもらう座位体操と口の体操「健口体操」だけなら約30分、通常は1時間ぐらい、じんわりと汗をかき、ややキツいなあと感じる程度の強度です。終わればさっと解散のところもあれば、さらに別の体操を追加する、脳トレやレクリエーションを行う、茶話会やカラオケなどここからのお楽しみが本番というところもあります。体操のためにわざわざ集まってもらうのではなく、趣味の活動に参加し続けるための身体づくりとして、活動の前に準備体操として行うことをおすすめしているからです。自治会やマンションの管理組合には、虚弱な高齢者を見守れる機会ですよ、マンションの価値を高められますよなどと先方の価値観に響く言葉を選びます。

ルールは、理由なくお休みされた人のところには帰りに寄るか、連絡をすることと、元気な人だけでなく、虚弱な人、認知症のある人でも来たい人は誰でも混ざりあって体操をしてもらうことだけです。なるべく長く元気に、それでも皆いつかは辿る最終的な虚弱化への道、その人が排除されてしまうということは、自分もいずれ行けなくなる日が来るということ。どの会場でも一緒に体操をしているお年寄りを大事にされていて、視察の人を連れて行った時も、「この人は90歳」「この人は車椅子で来ている」など次々と紹介してくれます。介護の車に送迎されていると、あの人はもう介護の人だというレッテルを貼られ、まちの構成員としても消費者としても、過去の人のように見られがちです。しかし、同じように介護を受けていても、大東元気でまっせ体操に通い続けていると、地域の一員として子どもの登下校の見守り活動や花見に誘われる。一人暮らしの方が、ある日ふっと亡くなり、次の体操の日にメンバーによって発見され、「大往生だね」と言われます。

大東元気でまっせ体操のＤＶＤは市民なら1枚３００円、市外の人でも１０００円を出せば買えますが、問題は一人では体操が続かないこと、そして自治体は住民主体の体操の場をどうやってつくれば良いのか分からないことです。視察や講演の際に熱心に説いても「良い話聞いたな」で終わってしまっていることを逢坂さん自身も歯痒く思っていました。総合事業を始めてちょうど1年、月の介護予防給付費のグラフは綺麗な形で右肩下がりとなっていました。今まで市の健康事業の成果は、同じ人のそれをやった未来とやらなかった未来を比較できないため、厳密には証明することができませんでした。それが、利用していたデイサービスやヘルパーサービスが大東元気でまっせ体操や生活サポーターに置き換わったことで金額的に目に見える形となったのです。これなら自治体の企画・財政部署にも営業することができるのではないか。コーミンは、大東市の持つ介護予防という知的財産を活用し、逢坂さんをスクールマスターとした社会人対象の「地域健康プロフェッショナルスクール」を始めることにしました。前年に木下斉さんらが主催する「都市経営プロフェッショナルスクール」の前身の公民連携プロフェッショナルスクールに通っていた私は、動画配信を中心とし、課題図書のレポート、集合研修での受講生同士のディスカッション、講師陣による事業プレゼンのブラッシュアップというスクールの一連の流れが非常に良い学びにつながった実感がありました。同様に事前の動画視聴と集合研修を組み合わせた健康プロスクールは、開始初年度の２０１７年からリハビリ専門職や自治体が受講され、翌年度からは、奈良県、滋賀県、福島県、遠くは沖縄県の広域連合などから依頼があり、出張スクールとして、都道府県主催の市町村研修などに広く活用されるようになりました。

都道府県は国から地域包括ケアシステムの推進や介護保険料の上昇率の抑制をいわれても、市町村が頑張ってくれなければ自分たちではどうにもできません。市町村の職員に、自らの地域を評価し打ち手を考えるマネジメント力を養成する必要があったのです。それには、実際に現場を持っている私たちのスクールが打ってつけでした。逢坂さんがスクール講師として出張できる日時は限られるため、オンラインなども駆使し、収益の一部は大東市民がさらに元気になるために毎年還元することで市と協定を結びました。例年、年に一度の体操参加者交流会の費用に充てています。

スクールは市の知名度アップに貢献し、人口規模も地形も文化も様々な市町村の現場に入ることで、大東市の政策のヒントになることも多々ありました。どこの自治体にも、先進的な政策分野があり、名物職員がいるはずです。それらを活用してまちづくりを行うことも、これからの時代はありです。スクール開校から5年が経ち、受講自治体のうちで実績が出てきたところも増え、嬉しい限りです。この間、大東元気でまっせ体操の参加者を主なフィールドとした、大学や企業の研究を支援する「健康ラボ事業」も行ってきました。特に藤田医科大学の松尾浩一郎先生と行った、運動＋食事で元気になる「カムカム弁当プロジェクト」は印象深いものでした。週2回3ヶ月間、市内の高齢者60人に、大東元気でまっせ体操をした後、とりささみのアーモンド衣フライや根菜の硬さを残した筑前煮など、高タンパクで噛みごたえのある「カムカム弁当」を食べてもらい、体操のみの60人と全身機能と口腔機能の改善効果を比較しました。参加者が体操をしている間にご飯をたき、株式会社フードケアで半調理されクール便で届いたおかずの仕上げ調理を行い、昼食として提供するという大変な業務で、途中引き受けたことを後悔しかけたほどです。

研究がスタートして1ヶ月以上経った２０１８年6月、その日もカムカム弁当という日の朝、大阪北部地震が起こりました。高槻市では学校のブロック塀が倒壊し幼い命が犠牲となり、近所でも水道管が破裂し水柱が高く上がっていました。こんな日にはさすがに誰も来ないだろうとの思いとは裏腹に、研究参加者は誰も欠席せずに集まり、いつも以上に声を掛け合って不安な気持ちを共有していました。実験でにわかに集まったメンバーなのに、体操と食事を一緒にすることで一体感が生まれており、やはりこういう場は地域に必要なのだと改めて実感しました。研究の成果は目覚ましく、身体機能も口腔機能もほぼ全員向上し、大学としても次のステージに進むことができ、参加者の中にはこれを機に近場の体操会場に通い始めた人もいました。

心臓に疾患があり、スポーツジムへの入会を断られるような人が、循環器系医師の見守りのもと卓球などで体を動かす「いきいきハートクラブ」。ここに該当者をつなぐ業務でも、諦めていた運動ができた時の参加者の嬉しそうな顔を見ることができ良かったです。このような、参加者も研究者もウィンウィンとなり、運動を始める・続ける動機付けになるような研究支援は大歓迎です。今後も、大東市が、元気な高齢者に関する研究やそのための技術開発のメッカとなり、健康産業の集積地となれば良いなと思っています。

全国初！　まちづくり会社が運営する基幹型地域包括支援センター

地域包括支援センターは、介護保険法の施行に伴い自治体に設置が義務づけられた機関で、高齢者の総合相談窓口です。自身や家族が高齢化し、今までできていたことができなくなってきた、ついては介護サービスの利用や施設への入所を検討したいというような相談を中心に、些細なことから虐待など緊急を要するものまで、日々多種多様な案件が舞い込みます。自治体の直営や社会福祉協議会などへの委託もありますが、大東市もかつてそうだったように、市域をいくつかの圏域に分け、介護サービス事業を提供している社会福祉法人や医療法人へ委託しているところが多いです。基幹型地域包括支援センターの設置は任意ですが、複数の地域包括支援センター間の総合調整や地域ケア会議の開催、いわゆる困難事例に対する技術支援などの後方支援を行います。

2019年、大東市はこの基幹型を新設、地域包括支援センターと一体型とし、運営法人を公募しました。圏域は1つで、条件は公平を期すため介護サービスを提供していない法人であること。結果、コーミンは株式会社として全国で初めてこの基幹型地域包括センターを受託することになりました。現在は、義務づけの3職種である保健師、主任ケアマネジャー、社会福祉士に、理学療法士や作業療法などのリハビリ専門職を加えた4職種、約30人がそれぞれの専門スキルを生かしながら業務に当たっています。うち12人は、別法人からの出向です。コーミンのプロパーと合わせて5法人のスタッフが一堂に会し、自立支援を学びながら切磋琢磨しています。社会福祉士は高齢者の虐待や消費者被害などの権利侵害の防止、成年後見制度の活用支援、社会資源の開発など。保健師は医療・介護連携や新規相談者の医療ニーズの把握。主任ケアマネジャーは、居宅介護支援事業所ケアマネジャーの介護予防ケアプランの作成支援や給付管理。リハビリ専門職は、介護予防全般に加え、事業所やケアマネジャーに対する自立支援研修の実施、作業療法士を中心に認知症全般も担当します。もちろん全員が相談援助技術を持ち、いざゴミ屋敷の片付けともなれば職種を超えて力を合わせます。同職種が複数人いることとから、日々活発に意見交換や最新の情報共有が行われ、専門職としてのスキルも高いです。初めて介護に直面した時は誰でも不安ですが、大東市の地域包括支援センターの電話番号は一つ。市域のどこに住んでいても、赤い「亀代パーカー」を着たスタッフが駆けつけ、同質のサービス提案をしてもらえることが市民にとって最大の魅力です。

コーミンは、地域包括支援センター業務を受託してすぐに、「鶴田亀代」（85歳）という鶴のキャラクターと「長生きを、長イキイキに。」というキャチコピーをつくり

長生きを
長イキイキに。
大東市基幹型
地域包括支援センター

図1　地域包括支援センターのパーパスとマスコットキャラクター「鶴田亀代」（85歳）

ました。健康まちづくりのブランディングは、コピーライターである「うたみな」の山中貴裕さんと、ノーティスデザインの奥村将司さんとで行っています。パーパスを持つ行政相談窓口業務は珍しいと思います。平均寿命である85歳と健康寿命との差は約10年、なるべくその差を縮めたいという我々の願いを端的に表したコピーです。『亀代ちゃんレター』という広報誌も毎月発行しており、そこではスタッフの仕事内容や、さまざまな制度の狙い、またそれらを活用して元気になった高齢者の事例を紹介しています。国の制度もよく変わりますが、それ以上に大東市には利用者の自立につながり、頑張った事業所にはインセンティブがつくような独自の制度がたくさんあります。インフォーマルなサービスに繋いだ事業所に加算がつく、レンタルの福祉用具を市が買い取り、業者がその後のモニタリングを行うなど、市と基幹型包括の主任ケアマネで考えた制度が次々とリリースされます。事業所のケアマネたちが、新しい制度を、手間は多少増えたとしても、利用者のメリットを考えて使ってみようと思うことを目標に発行しています。広報誌やホームページは、40〜50歳代、高い介護保険料を払い、これから親の介護にも突入していく世代も意識しています。介護保険サービスは何よりもこの世代が納得するものでなければなりません。彼らの理解を得て、両親も自分たちも歳を取っても安心、そう思ってもらえたら、まちづくり会社としても嬉しいです。

重度な要介護状態になっても住み慣れた地域で自分らしい暮らしを人生の最後まで続けるた

めには、住まい、医療、介護、介護予防、生活支援が一体的に提供される地域包括ケアシステムの構築が必要とされています。その人が最後までキラッと生き切るために、コーミンは中でも「住まい」の部分を、そのまちでの暮らし方にまで広げて考える必要があると思っています。バリアフリーで、ＩＣＴによりバイタルまで見守られた家であったとしても、まちの中にその家から出て行きたいと思える「居場所」がない住まいでは、自分らしい暮らしの一部しか実現できません。「夕食後に友達と散歩をするのが日課」「馴染みのお店でくつろぐ時が幸せ」「綺麗な夕焼けを見てほっとする」など、まちやまちの人たちと関わって暮らしている人ほど、全般的に元気で生活能力が高く、困った時には人に上手に頼れる、そんな傾向があるのではないか。センターに相談に来られる人を見ていても、ひとり暮らしの高齢者が多く住むもりねき住宅の管理をする中でもそう感じます。「親が家に他人を入れず、外出もせず、外の人と関わらない暮らしなので心配です」と相談に来られる子世帯の多いこと。セルフネグレクトとなり、ゴミ屋敷になってしまう人も少なくありません。そうなるとご近所さんも、賃貸住宅の大家さんも困ります。結局はどこに住んでも一緒で、最後は家族と話して、施設入所となることが多いです。逆に、アパートから立ち退きを迫られているが、知り合いも多いこのエリアを離れたくない、年金内で何とか暮らせるところがないかというような人には色々な手があります。将来的にはそんな人たちに様々なタイプのアフォーダブルな住宅を提供できる会社でありたいと思っています。

国がいくら地域包括ケアを叫んだところで、前提として本人に住み慣れたまちで住み続けたいという動機がない場合には難しいものです。一方で、まちづくりの側面では、いくら商店街の豆腐屋の事業承継支援をし、廃業した銭湯を若者たちが再建したところで、私たち勤労世帯が行けるのはせいぜい週末で、平日の昼間に商店街のお店を買い支えるのはそのまちの高齢者だ、という問題があります。高齢者が家から出歩け、日常の買い物からハレの日のお食事まで、まちの消費者であり続けることは、店の存続においても重要なことなのです。なので、必然的にコーミンの仕事はまちづくりと健康づくりの両輪となりました。

まちづくり事業の主軸は、決まった会費などを払わなくても誰でも楽しめる居場所をまちにたくさんつくること、歩いて楽しいまちの風景をつくることです。シャッターを開けるべき店は開くように考えますが、コミュニティスペースとしたり、解体して畑にしたり、草花を植えても良いのです。不動産は公が持つものも、民が持つものもすべからく公共財です。駅前通りこそ、入居者がゼロの幽霊ビルがあったり、高い家賃収入を得ることだけを考えて入れたなと思う店舗があったりと、不動産オーナーの強欲さが透けて見え、悲しくなります。公も使い道を決めずに閉鎖した公共施設や所有用地を放置することが多く、人のことを言えません。それぞれが経済的に無理のない範囲で、まちを歩く人が見て心地よく感じる使い方、まちなみに合う見せ方をすることを意識するだけで良いのです。若い人のチャレンジにその不動産を提供することで、大抵は格好良く使ってくれます。歩き疲れた頃に、そんな若者が経営する美味しいコーヒーショップに出会えれば最高ではないでしょうか。

独居の孤立・孤独リスクを減らすためのツール、ドキドキドッキョ指数

ひとり暮らしとなる高齢者は今後劇的に増えてきます。若い人ならば海外でもどこにでも行くことができ、逆に家から一歩も出ずとも、バーチャルな世界で趣味や娯楽も満たし、各地のお取り寄せ食材を調理して楽しむこともできます。ひとり暮らしであっても自分のことは何でもでき、まちとつながらなくても平気でしょう。しかし、歳を取り今までできていたことができなくなってきてからは、全てがそれでは済みません。リアルな人に頼ることも増え、家の近所が生活の中心になってきます。発達・発育の曲線は最終的には赤ちゃんと同じレベルまで緩やかに下がり、長生きをすれば、身体能力だけでなく認知能力も誰でも必ず落ちていきます。まちにひとり暮らしの80代はたくさんいますが、ひとり暮らしの10歳はいないということを考えると、いくら知識と経験はあるとはいえ危なっかしいことこの上ありません。もりねき住宅

74世帯の管理を始めてすぐ、多くの高齢入居者がレンジフィルターなどの点検商法に引っかかっていることが分かりました。新築を狙って悪徳業者が回ってくるのです。すぐに啓発し、モニター付きインターホンも付けましたが、その後オレオレ詐欺にあう人もいました。意気消沈する入居者の姿を見て、大家として何とかしてあげたい、それにこんなに軽々と騙されてしまって、木造住宅なのに、火の始末は大丈夫だろうか、災害が起きたら避難できるだろうかと次々に不安が襲ってきました。離れて暮らす身内も同じ思いでしょう、これが「ドキドキドッキョ指数」（以下「ドッキョ指数」）をつくろうと思ったきっかけです。

地域包括支援センターでは、厚生労働省が出している高齢者の生活機能低下を把握する25項目のチェックリストを使いますが、ドッキョ指数はその手前で、自身の「A　生活維持能力」「B　心と身体の健康」「C　住んでいるまちとの関係性」をチェックし、特に高齢者の「ひとり暮らしポテンシャル」を測定できるツールです。生活改善に役立ててもらおう、または早めに公的機関への相談につなげようという意図で、地域包括支援センターを運営しているまちづくり会社として、これまでの経験やノウハウをいかして作成しました。単身高齢者に限らず、初めてひとり暮らしを始める学生や、障害者などにも使えます。特徴的なのは質問項目が全て「自分の主観・自分のアクション」に基づいていることと、やはりまちづくりの目線が入っていることです。「C　住んでいるまちとの関係性」は官能都市（センシュアスシティ）の指標をもとにしており、まちとのつながりを聞いています。一見ドッキョ指数とは関係がなさそうですが、それぞれには相関関係があり、補い合うものです。

個人に生活能力があり、心身が健康で、さらにまちの良いところを見つける能力が高ければ、相対的にひとり暮らしの不安も和らぎ、家やまちに対する満足度も上がります。「自助力」と「まちへの興味関心」を上げることはまちづくりや地域包括ケアシステムの構築において根底となるものです。定期的に通う「自助よりの共助の場」を持つことも暗にすすめています。あくまで自分のため、自分の動機で行く場だけれど、映画館やスーパーと違って自分一人では完結できないところ。行けば多少なりとも個人が認識される場です。個人でもつくることができ、逆に大手企業にはつくれない場。大東元気でまっせ体操はその最たるものですが、他にも色々あります。

たとえば「深北緑地パークラン」は、私が数人のランニング仲間と2019年6月にはじめました。「parkrun」は、毎週土曜日の朝8時に公園に集まり5キロのコースを歩いたり走ったりする世界共通フォーマットのイベントで、日本でも30ヶ所以上で開催されています。ボランティアで運営されており参加費は無料、個人の登録バーコードさえ持参すれば、どこの会場でも当日参加オッケーです。ここに毎週来るだけで、いくつもの項目に丸がつくでしょう。12歳の娘は80歳のおばあちゃんとおしゃべりしながら走ることを楽しみにしています。まちとの関

ドキドキ
ドッキョ
指
数
β版
測ってみよう、
独居の孤立・孤独リスクを
減らすために。
ドキドキドッキョ指数は、
特に「高齢者のひとり暮らし」を
かんたんWEB診断できるサービスです。
地域包括支援センターを運営しているまちづくり会社が、
これまでの経験やノウハウをいかして作成しました。
独居になる理由はさまざまであり、
幸せの尺度も人それぞれですが、
リスクのある孤立・孤独にならないためには、
時々じぶんの
〝生活維持力〟〝心身の健康〟〝まちとの関係性〟を
見直すことが大切です。
さぁ、独居の不安や心配事をひとつでも多く洗い流して！
あなたの人生がイキイキ輝けるいい時間になりますように！

図2　ドキドキドッキョ指数

a. 生活維持力

暮らしを円滑に行うために必要なことを調べるカテゴリーです。
当てはまる項目に◯をつけてチェックしましょう。

1. 役所や電力会社などから届く書類を理解し、手続きをすることができる

1. できる	2. 時々人の助けを借りる	3. ほぼ人に任せている	4. できずに困ることがある

2. 金銭の管理ができ、食品や日用品の購入、家賃や光熱水費の支払などを滞りなく行える

1. できる	2. 時々人の助けを借りる	3. ほぼ人に任せている	4. できずに困ることがある

B. 心と身体の健康

暮らしを円滑に行うために必要なことを調べるカテゴリーです。
当てはまる項目に◯をつけてチェックしましょう。

17. 寝つきよく、朝までぐっすり眠れる

1. 眠れる	2. 途中何度か目が覚める	3. なかなか寝つけないことがある	4. 不眠で困っている

18. 食事の時間を楽しめ、身体に必要な栄養も取れている

1. 栄養にも気を遣っており、身も心も満たされる	2. 好きなものばかりを食べがち、栄養に偏りがあることは分かっている	3. 咀嚼や飲み込みに不便がある、食べる量が減っている、必要な栄養がわからない	4. 食欲が沸かない

C. 住んでいるまちとの関係性

自分が暮らすまちと、関係を保っているか調べるカテゴリーです。
「はい」「いいえ」のどちらか当てはまる方に◯をつけましょう。

26. まちに住みながら得られる収入(年金含む)と支出・生活スタイルが合っている	はい	いいえ
27. まちのことをよく知っている、また変化にも興味を持ち、知ろうとしている	はい	いいえ
28. まちをより良くする企業活動やボランティア活動などに参加している	はい	いいえ
29. 自分と異なる価値観の人も受け入れて住んでいる	はい	いいえ
30. 自分らしく(例えば国籍・性別・年齢・風習などに囚われず)リラックスして住める	はい	いいえ

図3 ドキドキドッキョ指数の質問例

係性の質問項目にもある自治会活動やボランティア活動、営利でも良いのですが、自分が住んでいるまちをより良くする活動に参加することは本当におすすめです。まちの長所短所が見えてきて、住み続ける動機や納得ポイントがはっきりしていきます。生活を整え、ここで最後まで施設に入らず頑張ろうと思うことも、逆に自分が暮らすところはここではないと判断することもできます。まちに「してもらう」ことばかりを求めるお客さん視点では、環境に対しどこまでもずるずるとした期待と不満が消えることはないですが、小さなことであっても自分がやる側に回るところにターニングポイントがあります。

大東市の公園の管理は、数年前から近隣自治会の人たちに委託しています。委託費こそ少額ですが、以前はあれやこれやと市に苦情を寄せていた近隣住民の声も、いざ自分たちが管理し出すと、掃除するため側溝の蓋をもっと上げやすいものになど前向きなものに変わりました。公民連携基本計画の開発理念「自分でつくったまちに住む」ここにありです。ドキドキの独居、まちに人にドキドキしながら楽しんでください！

7

公民連携エージェントの可能性

morineki の外観

公民連携エージェントの存在意義

ここまで紫波町や大東市の公民連携事業を中心に、公民連携エージェントの仕事を紹介してきました。大東市では主に、公営住宅建て替えに伴うまちづくり、駅前道路空間を活用したマーケット、高齢者の健康づくりにおいて、公と民（市民）、そして公民連携エージェントであるコーミンがどのような役割を担い事業を進めてきたかをお話ししてきました。

この5年間の一番の変化は、ノースオブジェクトの竹中さんのように、民間人でありながら、公民連携エージェント的な役割を担う経営者が身近に増えてきたことです。企業としてのCSR（企業の社会的責任）の域を超え、地域と関わって共に発展していこうという想いが共通しているので、公民連携、民民連携問わず、「地域よし」となるような企画が次々と生まれています。市役所の中でも、さまざまな部署で「まずは公民連携で考えてみよう」が普通になってきたように思います。民間と向き合う時のぎこちなさが少しずつ取れ、一緒になって抜け道や落とし所を探そうという姿勢が見られるようになってきました。逆に、自分たちは安全地帯から一歩も出ようとせず、相手の力を利用することばかり考えているようなところからは、それが公であっても民であっても人が離れていっています。もりねきをはじめ公民連携事業の成果が目に見えるものとなり、市民の中にもそれらに対し良い印象を持つ人が増え、民間事業者からはエリア自体に期待を持たれていることを感じます。

オープンから1年以上が経ったもりねきは、ランドスケープの緑も美しく成長し、そのプロセスも評価され、２０２２年度、都市景観大賞の国土交通大臣賞や、大阪都市景観建築賞（大阪まちなみ賞）の大阪府知事賞を受賞しました。周辺道路の路線価は前年度比１２５％とアップし、宅地や店舗としての不動産取引も活発化しています。もりねきのキーテナントであるノースオブジェクトでは、本業のアパレル製造卸業にも良い影響が出ています。ショッピングセンターや大型書店の経営も、流れは地域密着です。幹部の方が商談に来られて話がまちづくりにおよび、私が同席するようなことも増えました。ライフスタイルを提案するというのはこういうことなのか、行政と一緒にここまでのことをする企業なのかと業界でも一目置かれているようです。

もっとも、良いことばかりではありません。公園とセットの路面店の特性として、過ごしやすい季節は最高ですが、雨天はもちろん、暑すぎても寒すぎても客足が伸びません。パンのロスが出ないように生産調整したり、雰囲気の良い日除けタープを探したり、早い時間から暗くなる冬のために、樹木のイルミネーションを毎年少しずつ買い足したりと、試行錯誤していきます。土日祝の駐車場の台数不足も深刻です。イベント時は商業施設のコインパーキングを無料にし、土日が休みの公共施設の駐車場を裏利用して臨時駐車場とできないか、山裾の公有地をアクティビティ会場や臨時駐車場として借りられないかなど、毎日のように議論しています。

もりねき住宅は木造で、基準以上の設計をしても上下階の振動音はゼロにはなりません。下階の入居者からの苦情が、コロナで外出自粛の時は日中でも寄せられました。下階に多い高齢者が活動的になり日中に外出してもらうことはこの点においても良いのです。その外出先である大東元気でまっせ体操やストリートピアノ、パークランなど運営主体がボランティアの事業は、メンバーの不協和音や離脱、予期せぬ事件勃発でいつ解散してもおかしくありません。その都度対話で乗り越えるしかないのですが、今一度活動の趣旨目的を共有し、ボランティア一人当たりの負担軽減策を考え、営利企業がバランスよく絡むようにすると運営はいくらか安定します。

現在、もりねき住宅に空きがでた場合、市は新婚・子育て世帯に対して優先的に募集をかけています。対象は「日本国内に在住・在勤」なので、遠くは沖縄の離島からも応募が来るようになりました。地方から出てきて所得も少ないうちはここを拠点に大阪でバリバリ働き、大東も気に入って、そのうち所得が公営住宅基準をオーバーしたら、近くに住み替えてくれたら嬉しいです。公園や団地に小さな子どもの声が再び響くようになり、世代間ミックスも進んでいます。若い夫婦に選ばれるエリア、選ばれる公営住宅となることは、将来民間賃貸住宅になっ

図１　もりねき前の道を曳行する東之町の地車

た時にも多様な世帯に選んでもらえる試金石になります。

２０２２年10月、３年ぶりに地域のだんじり祭りが行われ、もりねき前の道路に地元の北条神社を氏神とする地車が並びました。高さ５メートルを越える巨大地車の曳行は壮観で、秋風に乗って聞こえてくる太鼓や鉦の音も情緒たっぷりです。保存会の男性たちは祭りの数週間前から地車倉庫に集まり、部品を組み立てあれこれと準備をします。もりねきでは主に女性たちが手づくりを楽しんでいますが、俯瞰して見れば日本的か北欧的かの違いはあれども、どちらも飯盛山のねきで、「スロウ」な暮らしを営んでいることに変わりはありません。北欧風のまちなみを背景に進む地車、この時代のこの地域の文化を歴史に刻んでいます。

ちなみにもりねきの建物を所有するＳＰＣである東心株式会社の名前の由来は、この東之町の心です。パブリックな場であるもりねきは、文化の醸成発信基地としての役割も担ってゆく必要があります。枕草子に「ないりそのふち」と書かれたこの地、清少納言が今日訪れたとしても、彼女も間違いなく「すっぴん女子」なので、きっと「いとおかし」と言ってくれることでしょう。

「人間は、思ったり、したり、できはしない（青山二郎）」。本来の意味とは違うかも知れませんが、私はこの言葉を自分が一歩を踏み出す時、思い出すようにしています。「思う」と「する」は同時にはできない。まちの未来のためにこれは必要なのでやると一旦決めた事業については、余計なことは考えず目の前のことを手抜きせずにやる。継続して実施し、改善を加えながら観察してはじめて思考が深まります。その時点でやめると判断をしたものはすっぱりとやめ、コンセプトが一気通貫し相乗効果が見込めるものであれば違う業種や別の土地でも次の事業として着手する、これの繰り返しです。

公民連携という分野で今までにないサービスを生み出し、売り出そうという時、誰でも最初は営業すべき相手にも価格にも、自信が持てません。大きなゴールの設定もいきなりは難しいものです。なので、まずは仮説を立てて、小さくはじめてみる。当然先人の知恵は借りながらです。地方を良くしていこうという時に、大量生産安売り路線か、希少性追求高付加価値路線かと言えば絶対的に後者です。大企業にはできないことを逆に強みにします。みんなに向けて、では誰にも響きません。地域を評価し、ターゲットであり周囲に良さを広めてくれる一握りの層に向けて発信し、ファンユーザーと一緒につくります。こういった定石は押さえながら、既に実践されている現地をおとずれ空気感や居心地を実感することも必須です。実践している人のインタビュー記事や書籍を読み、講演会などで話を聞くチャンスがあれば、その人の知識と熱量、巻き込み力に圧倒されてください。「○○と言えば誰々」という名前が出てくるところが、やはり魅力的な場になっています。仕入れ値に利益をいくら乗せて、という単純な値付け作業ではないので、実はあまり既存の商売をしたことがないぐらいの人の方が思い切ったことができています。儲け至上主義の人も向いていません。商品や計画がいかにレアで、価値のあるものなのかを自分の言葉で語ることができ、「この人から買いたい」と思ってもらえる、「売れる」人がエージェントなのです。誰もがいきなり風天の寅さんのような売口上はできないので、まずは考えた建築のマスタープランや事業計画に自分自身が惚れ込むことです。

私の場合、もりねきがもし実現できたら「公営住宅革命」になるのではないかということに強く心惹かれました。介護保険サービスの闇に切り込む時も、国の制度に一石を投じることで、国民が幸せになり、国全体の社会保障費の抑制につながればとの一心でした。まちづくりと健康づくりという二つの事業が、まちを元気にし、まちを使う人も元気にする居場所づくりという目的でつながった時もこれだと思いました。

とはいえ、つくる側の勝手な思い込みで突っ走らないために、思いついたことはとにかく文章などにして人に見てもらったり、ベータ版として世に出してみます。この時点で何がやりたいのかよく分からない、計画の精度が低過ぎて出資者や金融機関が判断できないようなものではダメです。その道のプロやファンの反応を見て微修正を加え、いざ正式リリースです。的確なアドバイスをしてくれる人がいる、聞く耳を持てるということも重要です。

「エージェント」を直訳した「代理人」は、誰かの依頼でその人の望みを叶えるイメージですが、それよりも「代弁者」の意が強いと思っています。まちの未来に危機感を抱いて、リスクをとりはじめの一歩を踏み出す人たちは皆、「公民連携エージェント」と言えるでしょう。農業・酪農畜産・漁業・林業・狩猟、そこから生まれる食など、将来宝の山に変わり、その地域を救うようになるものは各地にあります。エネルギーや建設、福祉や教育など、地域の維持に必要な産業も革命を静かに待っています。今ほど公民連携エージェントが必要とされている時代はありません。得意分野を活かして、ぜひ皆さんも仲間と共にチャレンジしてみてください。

まちづくり会社の経営

オガールやコーミンの取り組みは都市経営課題のソリューションの中でも特殊解だと言われます。どちらも自治体が出資しているまちづくり会社によるもので、だからこそ大きな公民連携事業ができたのだろうと。しかし、まちづくり会社というだけなら全国にあります。その違いは何なのか。一番は、自ら事業をおこし、マネタイズしているかどうかです。一つずつの事業の利益は少なくても、全ての事業が黒字で、その額が少しずつ増えていることです。人件費や家賃などの固定費がいかに抑えられているか、何によって賄われているかを見ることでも分かります。

旧来の三セクの場合、公共施設や公営駐車場の指定管理委託料や、再開発ビルの管理費などがあてがわれ、部課長級職員の天下り先となっているケースが多く、新しいことをやる体制とは言えません。オガールも、引き出しを開けたら相手に当たるような小さな部屋で、岡崎さんと経理広報担当のパートナーと2人で事業を始めています。どんなに小さな会社であっても経理は専任の担当者を置き、しっかりとした会計事務所に小まめに見てもらうべきです。忙しさにかまけた支払いの遅れや経理処理の不透明さは会社の信用度に直結します。広報も、なかなか自分で自分の良さをアピールするのは難しく、特にＳＮＳでの発信はタイミングも頻度も求められるので、担当が居た方が良いです。社会保険労務士、司法書士、弁護士などは会社の特性を分かってもらえている方に必要な時にお願いできる体制を取ります。最初はバックオフィス機能があるコワーキングスペースを利用するのも良いでしょう。

コーミンの場合は起業してすぐに定期開催のマルシェを始めたので、出店者とやり取りをする担当者が必須でした。会社の売上と事業内容に対して必要最低限のメンバーを常用し、大きな事業がある場合は外注もするので、６年経った今でもまちづくり事業部は私を含め３人です。岡崎さんのオガールも、各地の勢いあるまちづくり会社も常に少数精鋭でやっています。少数なので、個々の自発性と判断の良さは必須です。一緒に働いて楽しいのは、虚飾が感じられない人で、知性が感じられる人です。経営者は孤独なので、食事や運動に気をつけ、メンタルヘルスを含めた心身の健康を維持することも会社経営上の重要な危機管理です。

会社としてまちづくりの他に大きな売上のある事業部を持っているところもあるでしょう。コーミンの地域包括支援センターの委託業務もそうです。２０２２年９月決算の売上２億２千８百万円のうち約９割が地域包括センターに関連するものでした。会社全体の売上が大きくなること自体は、事務経費などを按分でき経営の安定につながります。利益剰余金をまちに再投資することもできます。この場合、新規の企画や営業をする人間とその業務の従事者を切り分けられるか、またその事業が大きなマイナスをくらった時のリスクマネジメントができるかどうかです。

コーミンは地域包括支援センター業務を受託するにあたり、地域の老健施設に勤めていた北川美由紀さんに声をかけました。希少な認知症看護認定看護師の資格を持ち、大東市の介護予防に対する理解も深く、主任ケアマネジャーとしてケアマネ研究会を牽引していました。専門職にしては珍しく、新しいことにチャレンジすることが大好きな彼女は、コーミンの企業理念にも賛同し、転職して管理者になることを引き受けてくれました。今や30人近くの専門職集団をまとめ上げています。コーミンは、社として介護保険サービスを提供しないことを条件に、市から3年契約で地域包括支援センターの業務を受けています。運営協議会という外部の評価を毎年受け、6年ごとに公募もあります。事業としては大東市からの委託が外れたら終わりですが、そうなった場合や、万が一市と方向性が合わなくなりこちらから継続をお断りした時も、逆に介護事業ができるようになります。「このメンバーなら最強の介護サービス事業所を立ち上げられるから心配しないで」と豪快に笑う彼女がいるから、市と対等に話し合うことができ、安心してまちづくりに勤しむこともできます。

このような特殊技能を生かした業務委託はありですが、あまりおすすめしないのは、公共施設の指定管理業務の受託です。窓口業務や管理業務のために事務職員を多く雇用する必要があり、簡単に解雇する訳にもいかず、契約が打ち切りになる不安から、期を重ねるごとに、行政のことを忖度するイノベーションの起きにくい組織になりがちです。行政側にも問題があります。施設の運営は指定管理が最善の手法なのか、直営や、コンセッション、売却や譲渡の上当初必要な床だけ借り上げるではダメなのか、市の戦略に基き、それぞれの施設の立地や特性を踏まえて吟味されたものではない場合が多いのです。悪手は行政の都合による、5年などの期間の短い施設の貸付や原状回復の義務付けです。借りた側も思い切った設備投資ができず、従業員も非正規雇用になります。また、最初の段階で完成度の高い提案を求めるのも、民間側からすると提案書の作成に費用がかさみ、アイデアも搾取されるので敬遠されます。

大東市は、公有財産を使った公民連携事業の提案があり、それを採用する場合、その民間事業者に対して民間活力導入調査業務を発注し、さらに事業計画を深掘りしてもらう場合がありまます。提案が公共施設の活用だった場合、テナントリーシングや改修基本設計、社会実験などにかかる経費に使えます。三セクのまちづくり会社ならこういった公有地の民間活用やエリアプロデュース、エリアマネジメントで稼ぐのが本来でしょう。市民の幸せにつながることを第一に考え、他ができないことにチャレンジしてなんぼです。民間資本のまちづくり会社や家守会社の経営でも基本は同じです。本業とは別に、ローカルディベロッパーとして自分たちのほしい暮らしをつくる。地元企業の経営者や2代目、3代目がやるというのも良いと思います。

その場合も、社内ベンチャーとして経営を完全に分け、事業は将来的に本業にも良い影響を与えることを説明し、本社社員に応援してもらえるようなものが良いでしょう。

物流会社がその物流網を活かしたラスト・ワン・マイル事業として廃校の活用に手を上げる、電気工事会社が地域のエネルギー会社を立ち上げる、なども自然です。最近では設計事務所も古い建物を取得しリノベーションして転貸したり、自らパン屋や飲食店、賃貸住宅などを経営することでエリアの価値を上げています。自社の設計のショールームになり、仕事の量が変動するフロービジネスに、不動産系のストックビジネスが加わることで経営も安定します。自らも事業を行う経験をすることで、事業物件の設計などでよりクライアントの商機を上げる提案ができるようになります。

設計事務所でなくとも、企業は本業に加えてまちにちょっとセンス良く開いた部分をつくってみるのはどうでしょう。個人が使われなくなった祖父母の建物を地域に開かれた庭にしてみたことから始まった事業もあります。公務員など銀行ローンを借りやすい人は、自宅を建てるときに賃貸物件とセットで建てるのも良いでしょう。不動産はすべからく公共財、それだけでまちも少し変わると思います。

おわりに

マーケットとは、「付加価値の高いもの、サービスニーズの多いものに対して高い対価が支払われる構造である」と聞いた時に美しいとさえ思ったのは、行政のまわりではそれがいかに崩れているかを実感していたからです。金融機関は信頼できるところには安い金利で多くのお金を貸してくれますが、その逆も然りです。取引先からの信用も1日にして成らず、コツコツと実績を積み上げるしかありません。一足飛びにはいかない、これもマーケットの原理です。が、補助金はこの原理すら崩してしまいます。

地元資本の良質なマーケットをまもり、つくることができるまちは、今後も生き残る可能性が高まります。「そこに行けば◯◯が得られるだろう」と期待して出向いたところで、期待以上のものが得られ、さらに人の明るさや聡明さ、優しさなどに出会うと、胸の中に爽やかな風が吹きます。謙虚な気持ちになり、例え高い対価を支払ったとしても感謝の気持ちが生まれます。再び体験したいと思い、その良さを人にも伝えたくなります。これが付加価値の高いものです。「そこに行けば◯◯」が明確に発信され、付加価値の高いものとして受信されると、ファンが増えサービスニーズの多いものになります。求める人が多く、かつ提供サービスのクオリティを下げない工夫ができれば、安売りをする必要がなくなります。提供側に余裕が生まれ、良い条件で楽しく働くことができます。そんな大人たちを見た若者が新たな挑戦をはじめ…という好循環のサイクルが回り出します。これらを地価や人口構造の適正化にまで持っていくこと、私たち公民連携エージェントの仕事の成果はそこにあります。

行政のエージェントとして都市経営課題解決の一翼を担う一方で、まちの変化を拾い、サイレントマジョリティとつながる、ジャーナリスト的な役割も大きいと気づきました。縮退の時代、公だけでやると、また民に任せすぎてしまうとまちはどうなってしまうのか。公民連携でどんなことができるのか。現状の課題とその解決の糸口となるような活動の芽や、日常の隠れた良さなどを、市民、国民に分かりやすく伝える仕事です。それを事業としてやっている訳ですが、さらに1冊の本にしてはどうかと学芸出版社の岩崎健一郎さんにお声がけいただいた時、思い浮かんだのは新聞記事でした。父が新聞社勤務だったこともあり、小学生の頃から新聞だけは毎朝必ず読んできました。恐れながら署名記事を書くつもりで、私たちの活動をルポライトしたのが本書です。書いているうちにも活動は日々マイナーチェンジされ、新しい事業が生まれています。本当に完成や成功の瞬間はないのです。古い市営住宅はまだまだありますし、もりねきのまちには本や自転車のコンテンツを加える計画も進めています。地域リハビリテーションの文脈から派生した、子どもの心身を健やかに養育する公民連携教育事業にも取り組もうとしています。これらもまた随時発信していけたらと思います。

介護保険料が上がり続けているのは要介護な高齢者が増えるから仕方がないことだとされていますが、その制度を使い家に取り付けた、おそらく一生取り外すことのない普通の手すりが、月額約5000円のサブスクとなっていることを国民のほとんどは知りません。個人負担1割として、残りの4500円がケアマネのプラン料と福祉用具のレンタル費用として毎月事業所に入っていると聞くと穏やかではいられないでしょう。財源は我々の納めた保険料と税金です。この手すり問題を大東市はどう解いたのでしょうか、一度政策を調べてみてください。ズンチャッチャ夜市やもりねきにも遊びに来てください。本書をきっかけに、一歩を踏み出す人や自ら考えて動く自治体が増えることを祈っています。一緒にやりましょう。楽しんで！

最後に、いつも事業を支えてくれているメンバー、大東市役所の方々、執筆にあたりご協力いただいた全ての方に感謝申し上げます。仕事や学校帰りに寄って、夜市や音市を遅くまで手伝ってくれる家族も、いつもどうもありがとう。

入江智子

入江　智子（いりえ　ともこ）
株式会社コーミン代表取締役。NPO 法人自治経営理事。
1976 年生まれ。兵庫県宝塚市出身。京都工芸繊維大学卒業後、大阪府大東市役所に入庁。建築技師として、学校施設や市営住宅などの営繕業務に従事する。2017 年に大東公民連携まちづくり事業株式会社（現コーミン）に出向、駅前道路空間を活用した「大東ズンチャッチャ夜市」をはじめる。2018 年に市役所を退職し、現職。2019 年、高齢者の総合相談窓口である基幹型地域包括支援センターの運営を開始、まちづくりと健康づくり両輪の会社となる。公民連携エージェント方式で市営住宅の建て替えを行なった「morineki」が 2021 年春にオープン、2022 年「都市景観大賞」国土交通大臣賞を受賞した。

公民連携エージェント
「まち」と「まちを使う人」を元気にする仕事

2023 年 2 月 10 日　第 1 版第 1 刷発行
2024 年 10 月 30 日　第 1 版第 3 刷発行

著　者　入江智子

発行者　井口夏実
発行所　株式会社 学芸出版社
京都市下京区木津屋橋通西洞院東入
電話 075 − 343 − 0811　〒 600 − 8216
http://www.gakugei-pub.jp/
info@gakugei-pub.jp
編集担当　岩崎健一郎、山口智子

装　丁　テンテツキ　金子英夫
印　刷　イチダ写真製版
製　本　新生製本

ISBN 978 − 4 − 7615 − 2840 − 9